차근차근
스피킹이 되는 영작문

차근차근 스피킹이 되는 영작문

저자 정은순
초판 1쇄 발행 2015년 11월 25일 **초판 9쇄 발행** 2025년 9월 25일

발행인 박효상 **편집장** 김현 **기획·편집** 장경희, 오혜순, 이한경, 박지행 **디자인** 임정현
마케팅 이태호, 이전희 **관리** 김태옥

편집 진행 김현

디자인·조판 the PAGE 박성미

종이 월드페이퍼 **인쇄·제본** 예림인쇄·바인딩

출판등록 제10-1835호 **발행처** 사람in **주소** 04034 서울시 마포구 양화로 11길 14-10 (서교동) 3F
전화 02) 338-3555(代) **팩스** 02) 338-3545 **E-mail** saramin@netsgo.com
Website www.saramin.com

책값은 뒤표지에 있습니다.
파본은 바꾸어 드립니다.

ⓒ 정은순 2015

ISBN
978-89-6049-571-5 14740
978-89-6049-570-8 (set)

우아한 지적만보, 기민한 실사구시 사람in

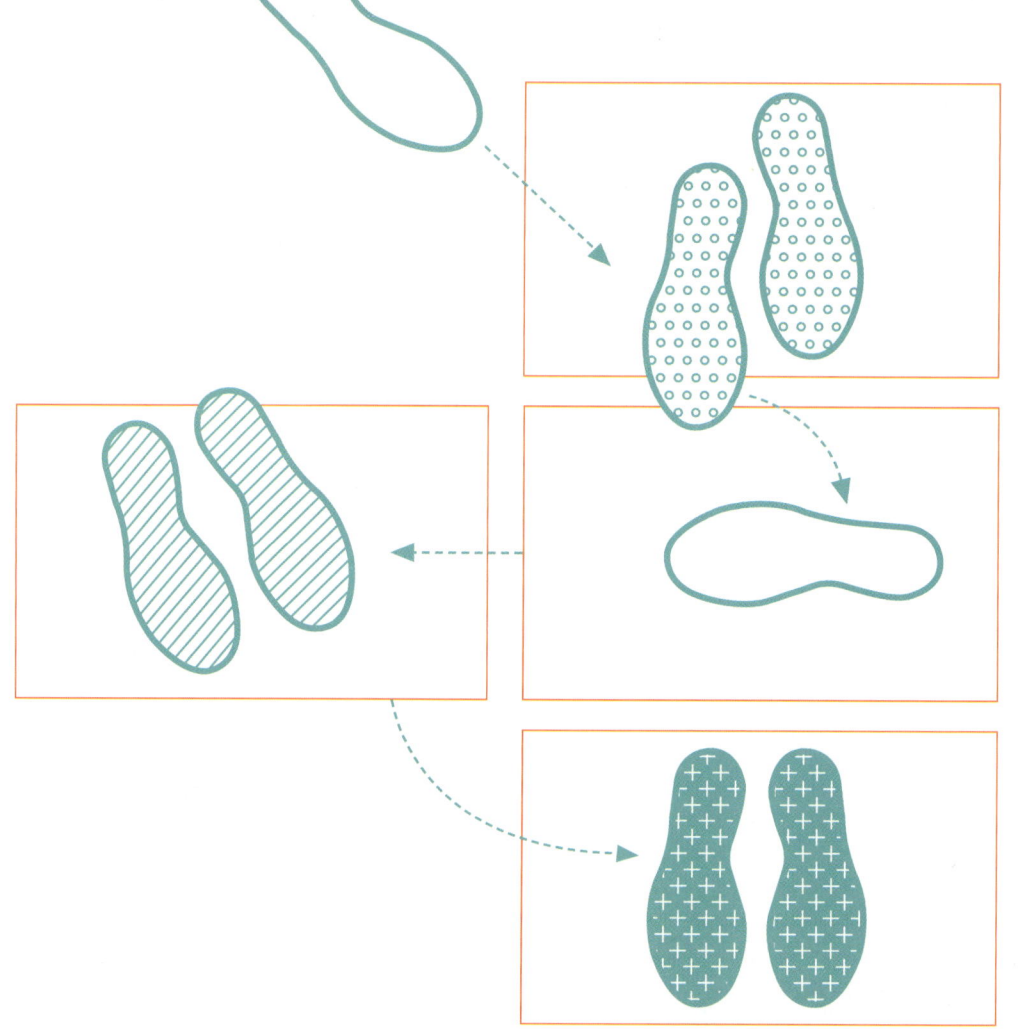

차근차근

스피킹이 되는 영작문

들어가는 말

영어 공부를 해 본 적이 있는, 지금 하고 있는, 앞으로 할 분들이라면 다들 다음과 같은 상상 한 번씩은 해 보셨을 거예요. 길에서 우연히 만나게 된 원어민과 생글생글 웃어가면서 능숙하게 대화하는 모습! 직장에서 영어 이메일을 내 생각대로 능숙하게 쓰는 모습! 극장에서 외화를 자막 없이 듣고 이해하는 모습! 와, 상상만 해도 흐뭇하지 않으세요?

이렇게 되려고 노력하고 계실 거예요. 그런 여러분께 제가 말씀드리고 싶은 건, 지금까지 여러분이 해 온 영어 공부가 다른 사람이 만든 문장을 읽고, 암기하는 거였다면 이제는 여러분의 생각을 영어로 쓰고 말할 차례라는 겁니다. 자, 어떻게 쓰고 말해야 하냐고 질문이 들어오겠죠?

전 수업 현장에서 많은 학생들을 가르치고 있습니다. 그러다 보니 학생들이 영어로 쓴 글을 첨삭하는 경우가 많지요. 그럴 때마다 느끼는 게, 많은 학생들이 영어를 잘하고는 싶어 하는데, 그에 비해 효율적인 학습 방법을 잘 모르고 학습량도 많이 부족하다라는 점입니다.

그럼 어떻게 해야 할까요? 영어뿐 아니라 외국어를 잘하려면 암기는 꼭 필요합니다. 하지만 기본적인 영어 어순과 기초 문법을 정확하게 모르고 암기만 한다고 될까요? 이렇게 되면 내가 암기한 문장만 말할 수 있고, 다른 문장은 말하지 못하게 돼요. 그리고, 실제로 암기한 문장을 써야 할 상황이 바라는 대로 여러분 눈 앞에 펼쳐지지 않는다는 것도 문제지요.

영어로 내 생각을 말하고 쓰기 위해서는 기초 문법·어휘·말하기 연습·듣기 연습이 모두 필요합니다. 하나도 하기 벅찬데 한 번에 이 모든 것을 하는 게 어려울 것 같다고요? 걱정하지 마세요. 여러분의 수준에 맞게 이 모든 영역을 이 책에서 골고루 공부할 수 있게 구성해 놓았으니까요. 실제 생활 현장에서 많이 쓰이는 어순과 문장으로 구성했기 때문에 이 책을 모두 공부한 후에는 직장에서, 학교에서, 생활 속에서 상황을 접할 때마다 여기서 훈련했던 문장들을 응용해서 말하고 있을 겁니다.

저는 여러분이 눈으로만 이 교재를 보지 않았으면 좋겠어요. 여러분의 마음, 머리, 손, 입, 귀 모두를 적극 사용하면 좋겠습니다. 머리로 생각하고 마음으로 이해해서 생활 속에서 여러분이 하고 싶은 진짜 자신의 얘기를 영어로 술술 할 수 있다면 좋겠습니다. 그렇게 될 수 있도록 솔로몬의 지혜가 여러분과 함께 하길 기도하고 응원하겠습니다.

끝으로 이 책을 위해 수고해 주신 사람in 출판사 분들과 언제나 내게 힘이 되는 YBM 학생들과 스텝들, 그리고 사랑하는 가족들에게 감사함을 전하고 싶습니다.

가을의 끝자락에서
정은순 *(Esther)*

라이팅, 어떻게 해야 할까?

라이팅과 스피킹은 같이 가야 한다!

많은 사람들이 라이팅 따로, 스피킹 따로 생각합니다. 그리고 라이팅은 어느 정도 영어가 고급 수준에 올랐을 때 하는 거라고 생각하기도 하지요. 하지만 라이팅이 과연 그렇게 고차원적인 언어 영역일까요? 물론 사설이나 기사, 문학 작품 등을 쓰는 거라면 그렇겠지만, 그 외의 상황에서 라이팅은 결국 내가 표현하고 싶은 것을 글로 쓰는 것입니다. 이것을 말로 하면 스피킹이 되는 거고요. 결국 문장을 만들어 내는 라이팅은 유창한 스피킹을 위한 전초 단계로 절대 나중에 공부해서는 안 될, 스피킹 훈련과 더불어 동시에 해야 하는 것입니다.

그러므로 라이팅은 어려운 것, 영어를 어느 정도 하는 사람만 하는 것이라는 고정관념에서 벗어나세요. 내가 아는 문법 사항과 어휘를 이용해 어순에 맞게 문장을 만들어 내어(라이팅) 말하는 것(스피킹)을 영어 실력 향상의 주 목적으로 삼아야 합니다.

문법은 목적이 아닌 수단으로 삼는다!

그럼, 이 라이팅은 어떻게 하는 게 좋을까요? 라이팅과 문법은 떼려야 뗄 수 없는 사이입니다. 문법은 수없이 많은 문장을 만들어 내게 하는 일종의 강력한 툴로, 알아두면 정말 편리하지요. 하지만 문법 공부 자체가 목적이어서는 안 됩니다. 문법은 영어 문장을 만들기 위한 수단이어야지 문법학자가 되는 게 목적이 아니라면 세세한 문법까지 파고 드는 건 권하지 않습니다.

자기 수준에 맞는 목표를 세운다!

'첫 술에 배부르랴'란 속담이 있습니다. 전 그 말을 스피킹과 라이팅에도 적용할 수 있다고 생각합니다. 처음부터 원어민처럼 잘하는 것을 목표로 삼지 마세요. 지금 이 책을 보는 여러분은 자신의 일상 생활을 힌트만 약간 주어지면 영어로 말할 수 있는 걸 목표로 하는 게 맞습니다. 그래서 이 책에 나온 문법은 여러분에 맞춰 필요한 내용을 담았기 때문에 보기에 단순합니다. 하지만 이 정도만 확실하게 알고 있으면 여러분이 목표로 하는 스피킹과 라이팅 실력 향상에 충분할 겁니다. 이보다 더 상위 레벨을 원하는 독자들을 위해 새로운 책을 기획하겠다고 약속드립니다.

다시 한 번 강조하지만 여러분이 만들어 내는 영어 문장(라이팅)이 결국 말하는 것(스피킹)이 된다는 걸 잊지 마세요. 라이팅과 스피킹은 따로 가는 평행선이 아니라 손잡고 동시에 해나가야 하는 것임을 늘 명심해 주세요.

이 책의 특징

영어 문장의 기본 구조 이해를 튼튼하게!
이 책은 문장이 만들어지는 기본 구조를 정확하게 이해할 수 있도록 영작의 기초가 되는 문법을 이해하기 쉽게 알려 줍니다. 이렇게 기초를 튼튼히 하고 나면 다양하게 응용하여 여러분이 하고 싶은 말을 할 수 있습니다

생생함이 묻어나는 활용도 120% 예문!
현장에서 얻어낸 예문들을 통해 이메일, 일기, 문자 보내기 등을 다양하게 응용해 볼 수 있습니다. 여기서 끝이 아닙니다. 원어민의 목소리로 녹음한 생생한 음성을 들음으로써 듣기 연습에 말하기 연습까지 한 번에 이어집니다.

도전의식을 불러일으키는 점진적 훈련 방식
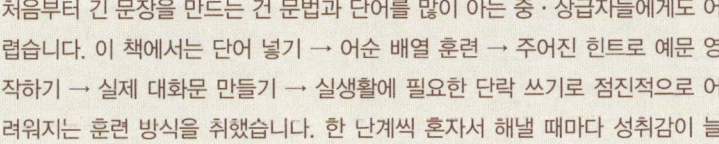
처음부터 긴 문장을 만드는 건 문법과 단어를 많이 아는 중·상급자들에게도 어렵습니다. 이 책에서는 단어 넣기 → 어순 배열 훈련 → 주어진 힌트로 예문 영작하기 → 실제 대화문 만들기 → 실생활에 필요한 단락 쓰기로 점진적으로 어려워지는 훈련 방식을 취했습니다. 한 단계씩 혼자서 해낼 때마다 성취감이 늘어가면서 긴 문장도 문제 없이 만들어 낼 수 있을 거예요.

이 책의 구성과 학습법

이 책은 핵심 영문법 설명과 5단계 훈련이 수록된 10개 챕터와 받아쓰기 훈련을 할 수 있는 Dictation Drills로 구성되어 있습니다. 이 책은 절대 눈으로만 봐서는 안 되는 책입니다. 책의 진도대로 펜을 들고 꼼꼼하게 직접 써 보고, 자기 입에 완전히 익을 때까지 무한 연습해 주세요. 한 챕터가 끝날 때마다 책 뒤에 있는 Dictation Drills를 활용해서 원어민 음성으로 듣고 따라 하기 연습을 열심히 해주세요. 이렇게 하다 보면 다양한 표현들 속에서 여러분이 하고 싶은 말들을 많이 찾을 수 있을 겁니다. 그럼 이 책의 세세한 구성과 활용법을 한 번 알아볼까요?

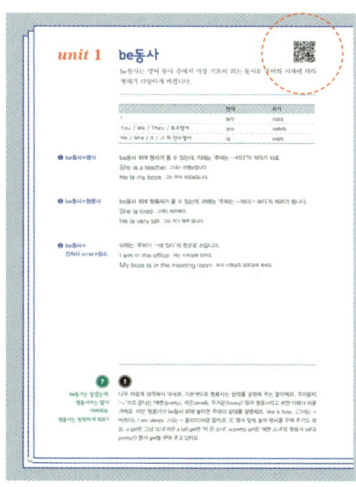

● ***Grammar***
각 챕터는 unit들로 구성돼 있고요, 이 unit 첫 페이지에 있는 문법 부분 설명을 꼼꼼히 읽어 주세요. 회화와 영작에 꼭 필요한 문법만 쏙쏙 뽑아 넣었답니다. 문법에 너무 겁먹거나 집착하기보다 '회화랑 영작에서 이 문법을 어떻게 쓸까?'에 초점을 맞춰 공부해 주세요. 문장 만들기 훈련을 하다 보면 문법 내용이 더 확실히 이해될 거예요. 옆의 QR 코드를 찍으면 워밍업, 어순 훈련, 예문 영작하기, 대화하며 말하기, 확장하며 쓰기의 영어 원문 음성 파일이 담겨 있습니다. 참고로 확장하며 쓰기의 경우 최종 완성본만 녹음해 넣었음을 미리 밝힙니다.

● **워밍업**
앞에서 배운 문법을 문장에서 적용 연습하는 부분입니다. 빈칸에 들어갈 말이나 적절한 형태를 생각하면서 배운 문법을 점검해 보세요. 힌트 단어가 주어지기 때문에 그리 어렵지 않게 풀 수 있을 거예요.

● **어순 훈련**
문장을 어순에 맞춰 쓰는 것은 정말 중요합니다. 이건 많은 훈련을 통해서만 능숙해질 수 있어요. 한 번에 완벽하게 결과를 내려고 하기보다는 먼저 '주어+동사'를 찾은 다음 해당 유닛에서 배운 내용을 적용해 보세요. 영어의 기본 구조를 제대로 익히고 앞의 내용을 정리하기 좋은 파트입니다.

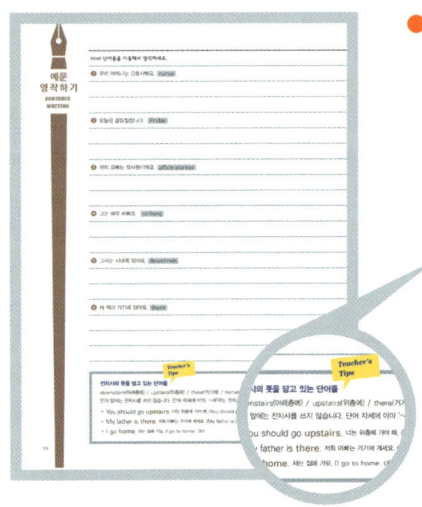

● 예문 영작하기

이제 본격적으로 여러분 스스로 영작해야 하는 부분입니다. 하지만 풀다 보면 '생각보다 어렵지 않네'라고 느끼실 거예요. 힌트 단어를 활용해 어순을 생각하면서 해당 유닛의 문법이 잘 응용되도록 해주세요. 천천히 하더라도 꼼꼼하게 영작해 보는 게 중요합니다. 한 번에 만들기 힘들 때는 주어와 동사를 먼저 찾아 써 보세요. 그리고 하단에 나오는 Teacher's tips도 놓치지 마세요. 앞의 문법 부분에서 설명하지 않았지만 회화에 영작에서 필요한 내용을 콕콕 집어 설명했으니까요.

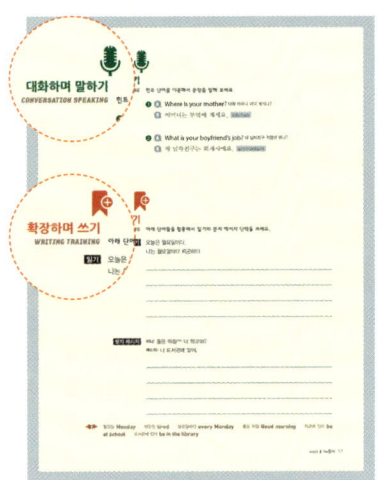

● 대화하며 말하기

이제 배운 내용을 실제 회화에서 어떻게 활용할 수 있는지 확인해 보는 파트입니다. 짧지만 활용도 높은 문장을 영작하게 될 거예요. 회화인만큼 공부가 끝나면 원어민 음성을 들으면서 어떻게 발음하는지 그대로 따라 읽어 보고 무한 반복하세요.

● 확장하며 쓰기

이제 다양한 상황에서 지금까지 배운 것들을 응용할 차례입니다. 하지만 처음부터 긴 문장을 쓰기는 쉽지 않아요. 그래서 해당 문법에 해당하는 문장들부터 먼저 써 보고 다음 유닛에서 새로운 문장을 덧붙여 쓰다 마지막 유닛에서 해당 단락을 완성하는 방식으로 진행됩니다. 이렇게 확장되는 과정에서 문장을 길게 말하고 쓰는 방법을 배우게 될 겁니다. 영작을 한 후에 스토리를 생각하면서 암기해 보면 학습 효과가 더 높을 겁니다.

● Dictation Drills (받아쓰기 훈련)

이제 받아쓰기를 하면서 듣기 연습을 해 볼 차례입니다. 각 챕터의 대화하며 말하기 부분과 확장하며 쓰기 최종 단락을 원어민 음성으로 녹음한 파일을 들으면서 빈칸에 맞는 단어와 표현을 쓰세요. 빈칸을 채우기 위해 집중해서 듣는 것만으로도 여러분의 듣기 실력이 일취월장할 것입니다.

차례

들어가는 말
라이팅, 어떻게 해야 할까?
이 책의 특징
이 책의 구성과 학습법

CHAPTER 1 동사

unit 1 be동사	14
unit 2 일반동사	18
unit 3 조동사	22
special unit 1 부정문	26
special unit 2 의문문	28

CHAPTER 2 문장의 형식

unit 1 1형식	32
unit 2 2형식	36
unit 3 3형식	40
unit 4 4형식	44
unit 5 5형식	48

CHAPTER 3 시제

unit 1 현재시제	54
unit 2 과거시제	58
unit 3 미래시제	62
unit 4 현재완료 (1)	66
unit 5 현재완료 (2)	70
unit 6 과거완료 · 미래완료	74

CHAPTER 4 수동태

unit 1 수동태 (1)	80
unit 2 수동태 (2)	84

CHAPTER 5 동명사

unit 1 동명사 (1)	90
unit 2 동명사 (2)	94
unit 3 동명사 (3)	98

CHAPTER 6　부정사

- unit 1 　부정사 용법 (1) ... 104
- unit 2 　부정사 용법 (2) ... 108
- unit 3 　부정사 용법 (3) ... 112

CHAPTER 7　관계대명사

- unit 1 　관계대명사 (1) ... 118
- unit 2 　관계대명사 (2) ... 122
- unit 3 　관계대명사 (3) ... 126

CHAPTER 8　비교급

- unit 1 　원급(=동등비교) ... 132
- unit 2 　비교급 ... 136
- unit 3 　최상급 ... 142

CHAPTER 9　분사

- unit 1 　분사 (1) ... 148
- unit 2 　분사 (2) ... 152

CHAPTER 10　가정법

- unit 1 　가정법 (1) ... 158
- unit 2 　가정법 (2) ... 162

Dictation Drills (받아쓰기 훈련) ... 168
Answers (정답) ... 186

Learn as much by **writing** *as by reading.* - Lord Acton

읽는 것만큼 쓰는 것을 통해서도 많이 배운다. (액튼 경. 영국의 역사가이자 정치가)

글쓰는 일은 좋은 것이다.
애정을 가지고 그 일을
좋아한다고 생각하며 매진하라.
글쓰는 일은 쉽고 재미있는 일이다.
일종의 특권이다.
걱정스러운 허영심과 실패에 대한
두려움을 제외한다면
어려울 게 없는 일이다.

브렌다 올랜드

Verbs+
English Speaking & Writing

Chapter 1

동사

| be동사 | 일반동사 | 조동사 | 부정문 | 의문문 |

학창 시절 선생님께 "영어를 잘하려면 어떻게 해야 하나요?"라고 질문한 적이 있습니다. 그때 선생님께서 "동사를 정확하게 암기해 봐."라고 하셨던 말씀이 생각납니다. 그때는 잘 몰랐는데 시간이 지날수록 선생님께서 해주신 말씀의 중요성을 새삼 느끼게 됩니다.

기본적으로 문장을 만들 때 가장 중요한 것은 주어와 동사입니다. 그 중에서도 동사는 주어의 행동이나 상태를 설명해 주기 때문에 매우 중요합니다. 영어 단어의 70%가 동사라고 하니 얼마나 중요한지 아시겠죠?

회화나 영작에 어려움을 느끼는 학생들 대부분이 동사 사용이 서투른 편입니다. 이 동사만 잘 파악하고 활용해도 내 생각을 정확하게 전달할 수 있답니다. 이런 동사는 크게 be동사, 일반동사, 조동사로 나뉘는데, 이번 장에서 동사의 개념을 확실히 잡아 보세요.

unit 1　be동사

be동사는 영어 동사 중에서 가장 기본이 되는 동사로 주어와 시제에 따라 형태가 다양하게 바뀝니다.

	현재	과거
I	am	was
You / We / They / 복수명사	are	were
He / She / It / 그 외 단수명사	is	was

❶ be동사+명사

be동사 뒤에 명사가 올 수 있는데, 이때는 '주어는 ~이다'의 의미가 되죠.
She is a teacher. 그녀는 선생님입니다.
He is my boss. 그는 우리 사장님입니다.

❷ be동사+형용사

be동사 뒤에 형용사가 올 수 있는데, 이때는 '주어는 ~이다/~하다'의 의미가 됩니다.
She is tired. 그녀는 피곤해요.
He is very tall. 그는 키가 매우 큽니다.

❸ be동사+
　전치사 in/at+장소

이때는 '주어가 ~에 있다'의 뜻으로 쓰입니다.
I am in the office. 저는 사무실에 있어요.
My boss is in the meeting room. 우리 사장님은 회의실에 계세요.

be동사는 알겠는데, 형용사라는 말이 어려워요. 형용사는 정확하게 뭐죠?

너무 어렵게 생각하지 마세요. 기본적으로 형용사는 상태를 설명해 주는 말이에요. 우리말의 '-ㄴ'으로 끝나는 '예쁜(pretty), 작은(small), 무거운(heavy)' 등이 형용사라고 하면 이해가 쉬울 거예요. 이런 형용사가 be동사 뒤에 놓이면 주어의 상태를 설명해요. She is busy. (그녀는 = 바쁘다), I am sleepy. (나는 = 졸리다)처럼 말이죠. 또 명사 앞에 놓여 명사를 꾸며 주기도 해요. a girl은 그냥 '소녀'지만 a tall girl은 '키 큰 소녀', a pretty girl은 '예쁜 소녀'로 형용사 tall과 pretty가 명사 girl을 꾸며 주고 있어요.

WARMING UP

우리말 문장과 맞게 빈칸에 맞는 be동사 형태를 쓰세요.

1. 그녀는 주부예요.

   She _____ a housewife.

2. 우리는 동료들입니다.

   We _____ co-workers.

3. 그는 군인이었어요.

   He _____ a soldier.

4. 그는 스타벅스에 있어요.

   He _____ in Starbucks.

5. 사람들은 공항에 있었어요.

   People _____ at the airport.

6. 제 매니저는 날씬했어요.

   My manager _____ thin.

7. 그는 똑똑해요.

   He _____ smart.

8. Jane은 신입 비서입니다.

   Jane _____ a new secretary.

SENTENCE ORDER TRAINING

주어진 단어를 정확하게 배열해서 문장을 완성하세요.

1. in • my sister • is • her room   우리 언니는 자기 방에 있어요.

   _____.

2. energetic • is • he   그는 활기가 넘쳐요.

   _____.

unit 1 be동사 15

예문 영작하기
SENTENCE WRITING

Hint 단어들을 이용해서 영작하세요.

❶ 우리 어머니는 간호사예요. nurse

❷ 오늘은 금요일입니다. Friday

❸ 저희 오빠는 회사원이에요. office worker

❹ 그는 매우 바빠요. so busy

❺ 그녀는 시내에 있어요. downtown

❻ 제 책이 거기에 있어요. there

Teacher's Tips

전치사의 뜻을 담고 있는 단어들

downstairs(아래층에) / upstairs(위층에) / there(거기에) / home(집에) / downtown(시내에) 등의 단어 앞에는 전치사를 쓰지 않습니다. 단어 자체에 이미 '~에'라는 전치사의 뜻을 담고 있기 때문입니다.

- You should go **upstairs**. 너는 위층에 가야 해. (You should go to upstairs. (X))
- My father is **there**. 저희 아빠는 거기에 계세요. (My father is in there. (X))
- I go **home**. 저는 집에 가요. (I go to home. (X))

대화하며 말하기
CONVERSATION SPEAKING

힌트 단어를 이용해서 문장을 말해 보세요.

❶ **A** Where is your mother? 너희 어머니 어디 계시니?
   B 어머니는 부엌에 계세요. kitchen

❷ **A** What is your boyfriend's job? 네 남자친구 직업이 뭐니?
   B 제 남자친구는 회계사예요. accountant

확장하며 쓰기
WRITING TRAINING

아래 단어들을 활용해서 일기와 문자 메시지 단락을 쓰세요.

일기 오늘은 월요일이다.
나는 월요일마다 피곤하다.

_____
_____
_____
_____

문자 메시지 미나: 좋은 아침^^ 너 학교야?
에스더: 나 도서관에 있어.

_____
_____
_____
_____

월요일 **Monday**   피곤한 **tired**   월요일마다 **every Monday**   좋은 아침 **Good morning**   학교에 있다 **be at school**   도서관에 있다 **be in the library**

unit 2 일반동사

앞에서 배운 be동사와 뒤에서 배울 조동사를 제외한 모든 동사를 일반동사라고 부릅니다. work(일하다), study(공부하다), like(좋아하다), walk(걷다)와 같이 '(주어가) ~하다'라는 동작·상태를 가리키는 말이죠.

일반동사는 주어와의 관계가 중요합니다. 그 중에서도 현재시제에서 주어 자리에 3인칭 단수가 올 때 일반동사의 형태가 변하는 것을 잊지 마세요. 그리고 뒤에 오는 목적어와의 관계도 중요합니다. 목적어는 우리말의 '~을, ~를'에 해당하는 말로 일반동사 중에는 이런 목적어가 꼭 있어야 하는 동사도 있고, 없어도 되는 동사가 있습니다. 목적어로는 대개 명사와 대명사를 쓰는데, 이번 기회에 주어로 쓰이는 대명사와 목적어로 쓰이는 대명사의 형태를 확실히 짚고 넘어가세요.

	1인칭	2인칭	3인칭
주어로 쓰일 때	I (나는, 내가) We (우리는, 우리가)	You (너는, 네가) You (너희들은, 너희들이)	She (그녀는, 그녀가) He (그는, 그가) It (그것은, 그것이)
목적어로 쓰일 때	me (나를) us (우리를)	you (당신을) you (당신들을)	them (그들을, 그것들을)

He **works** on a project. 그는 프로젝트를 하나 합니다.
My sister **helps** me. 우리 언니는 저를 도와줍니다.
My mother **studies** French every day. 우리 어머니는 매일 불어를 공부합니다.

*3인칭은 '나'와 '너'를 제외한 모두를 가리키는 말로 하나가 있으면 3인칭 단수, 여러 개가 있으면 3인칭 복수가 됩니다.

일반동사를 쓸 때 주어가 3인칭 단수면 동사가 다 변하는 건가요? 어떻게 변형시켜야 돼요?

네, 주어 자리에 3인칭 단수가 올 때 일반동사가 변하는 경우는 현재시제일 때만이에요. 어떻게 변형시키는지 정리해 드릴게요.
① 일반동사에 -s를 붙이세요.
　clean(청소하다) - clean　run(달리다) - run
② -sh, -ch, -x, -o로 끝나는 일반동사는 -es를 붙이세요.
　finish(마치다) - finishes　　fix(고치다) - fixes
③ 〈자음+y〉로 끝나는 일반동사는 y를 i로 바꾸고 -es를 붙이세요.
　study(공부하다) - studies　fly(날다) - flies

워밍업
WARMING UP

괄호 안 동사의 알맞은 형태를 빈칸에 쓰세요.

❶ 저는 커피를 좋아해요. **(like)**

  I _____ coffee.

❷ 그녀는 커피를 좋아해요. **(like)**

  She _____ coffee.

❸ 우리는 커피를 좋아해요. **(like)**

  We _____ coffee.

❹ 그는 스마트폰이 필요합니다. **(need)**

  He _____ a smartphone.

❺ 우리는 아침에 우유를 마셔요. **(drink)**

  We _____ milk in the morning.

❻ 그들은 메시지를 확인합니다. **(check)**

  They _____ their messages.

❼ 저희 어머니는 매일 제 방을 청소하세요. **(clean)**

  My mother _____ my room every day.

❽ 아버지가 저를 깨워 주세요. **(wake)**

  My father _____ me up.

어 순 훈 련
SENTENCE ORDER TRAINING

단어를 정확하게 배열해서 문장을 완성하세요.

❶ gets up • she • in the morning • early 그녀는 아침에 일찍 일어납니다.

  _____.

❷ works out • he • every day 그는 매일 운동을 합니다.

  _____.

unit 2 일반동사 19

예문 영작하기
SENTENCE WRITING

Hint 단어들을 이용해서 영작하세요.

❶ 우리 오빠는 우유를 마셔요. `drink`

❷ Jane은 호텔에 머물러요. `stay at`

❸ 그들은 늦게 일어납니다. `late`

❹ 그녀는 마케팅 부서에서 일을 합니다. `in the marketing department`

❺ 많은 사람들이 매일 아침 출근을 합니다. `many` · `go to work`

❻ 모든 사람들이 퇴근을 합니다. `everybody` · `get off work`

Teacher's Tips

every는 항상 3인칭 단수로 취급

every 뒤에는 항상 명사의 단수 형태가 옵니다. 또 이런 every-가 들어간 단어가 주어 자리에 올 때도 항상 3인칭 단수로 취급해서 일반동사뿐 아니라 be동사 형태도 거기에 맞게 바꿔야 합니다.

- Every teacher **wears** glasses. 모든 선생님들이 안경을 써요.
- Every student **studies** hard. 모든 학생들이 공부를 열심히 해요.
- Every class **starts** at 10 o'clock. 모든 수업들이 10시에 시작해요.

대화하며 말하기
CONVERSATION SPEAKING

힌트 단어를 이용해서 문장을 말해 보세요.

❶ **A** How does your boyfriend go to work? 네 남자친구는 어떻게 출근하니?
   B 제 남자친구는 버스로 출근해요. `by bus`

❷ **A** When does your boss get off work? 너희 사장님은 언제 퇴근하셔?
   B 저희 사장님은 매일 야근하세요. `work overtime`

확장하며 쓰기
WRITING TRAINING

아래 단어들을 활용해서 일기와 문자 메시지 단락을 쓰세요.

일기 오늘은 월요일이다.
나는 월요일마다 피곤하다.
그래서 늦게 일어나고 아침에 뛰게 된다.

_____
_____
_____
_____

문자 메시지 미나: 좋은 아침 ^^ 너 학교야? **나 거기로 가는 중이야.**
에스더: 나 도서관에 있어.

_____
_____
_____
_____

🔌 일어나다 **get up**   늦게 **late**   뛰다, 달리다 **run**   아침에 **in the morning**
~하는 중이다 **be동사 현재형＋동사-ing**

unit 2 일반동사 21

unit 3 조동사

조동사는 일반동사나 be동사에게 특별한 의미를 부여해 주는 동사예요. 자주 쓰이는 조동사로는 can / will / should / must / may 등이 있습니다. 조동사는 주어에 상관없이 형태가 똑같고요, 뒤에는 항상 동사원형을 쓴다는 점, 잊지 마세요.

❶ can

~할 수 있다(능력) / **~해도 된다**(허가) • **과거형: could**

I **can** use a computer. 난 컴퓨터를 다룰 수 있어요. (능력)
You **can** go home now. 넌 이제 집에 가도 돼. (허가)

❷ will

~할[일] 것이다(미래, 의지) / (의문문에서) **~해 주겠어요?**(제안, 요청) • **과거형: would**

I **will** go there tomorrow. 난 내일 거기 갈 거야. (미래)
Will you marry me? 나랑 결혼해 주겠소? (제안, 요청)

❸ should

~해야 한다(당위. 강제력 없음)

He **should** study English after work. 그는 퇴근 후에 영어 공부를 해야 해요. (당위)

❹ must

반드시 ~해야만 한다(의무. 강제력 있음) • **과거형: had to**

You **must** leave now. 넌 지금 떠나야만 해. (의무)
*must는 have to와 같은 의미로 have to는 주어가 3인칭 단수일 때 has to를 씁니다.

❺ may

~일지도 모른다, ~할지도 모른다(추측) / **~해도 된다**(허가) • **과거형: might**

She **may** know the secret. 그녀가 그 비밀을 알고 있을지도 몰라요. (추측)
She **may** stay longer here. 그녀는 여기서 더 오래 있어도 돼요. (허가)

조동사 can은
<be able to+동사원형>
과 같다고 하는데
맞나요?

네, 맞습니다. 조동사 can이 '~할 수 있다'의 능력의 뜻일 때 <be able to+동사원형>으로 바꿔 쓸 수 있습니다. 다음 문장을 보세요.
I can ride a bike. = I am able to ride a bike. 나는 자전거를 탈 수 있어요.
can 외에 <be able to+동사원형>을 알아두면 좋은 이유가 뭔지 아세요? 영어에서는 조동사 두 개를 연달아 쓸 수 없어요. 예를 들어, I will can study English. 같은 문장은 절대 있을 수 없는 거죠. 하지만 I will be able to study English. (제가 영어 공부를 할 수 있을 거예요.)로는 쓸 수 있습니다. <be able to+동사원형>은 조동사가 아니니까요. 영작이나 스피킹에 많이 쓰이는 부분이니 반드시 알아두세요.

WARMING UP

밑줄 친 부분에 해당하는 조동사를 빈칸에 쓰세요.

1. 그는 일본어를 할 수 있어요.

   He _____ speak Japanese.

2. 그녀가 너에게 내일 전화할 거야.

   She _____ call you tomorrow.

3. 넌 네 친구들을 도와줘야만 해. (강한 의무)

   You _____ help your friends.

4. 우리는 네가 편할 때 만날 수 있어.

   We _____ meet you at your convenience.

5. 그들은 돈을 모을 거예요.

   They _____ save money.

6. Jack은 아침을 먹어야 해요. (강제력 없음)

   Jack _____ have breakfast.

7. 그들이 이길 수도 있어요. (추측, 가능성)

   They _____ win.

8. 그는 어제 거기에 제시간에 도착할 수 있었어요.

   He _____ get there in time yesterday.

SENTENCE ORDER TRAINING

단어를 정확하게 배열해서 문장을 완성하세요.

1. save · can · money · she 그녀는 돈을 모을 수 있어요.

   _____.

2. should · change · he · jobs 그는 이직을 해야 해요.

   _____.

예문 영작하기
SENTENCE WRITING

Hint 단어들을 이용해서 영작하세요.

❶ 저는 컴퓨터를 살 수 있어요. `buy`

❷ 그녀는 오후에 회의를 할 겁니다. `have a meeting` · `afternoon`

❸ 난 어제 그 이야기를 이해할 수 있었어요. `understand`

❹ 너는 7시에 저녁을 먹어야 돼. `must` · `dinner`

❺ (저 없는 동안) 제 가방 좀 봐 줄래요? `would` · `watch`

❻ 나는 어제 그를 만나야만 했어요. `had to` · `meet`

Teacher's Tips

다양한 would의 용법
- will의 과거형 : He said he **would** help his mother. 그는 자기 어머니를 도와드리겠다고 했어요.
- 과거의 습관: I **would** read books when I was free. 난 시간만 나면 책을 읽곤 했어요.
- 정중한 부탁: **Would** you help me? 저를 도와주시겠어요?
- 과거의 고집: He **would** not take my money. 그는 내 돈을 받으려 하지 않았어요.

대화하며 말하기
CONVERSATION SPEAKING

힌트 단어를 이용해서 문장을 말해 보세요.

❶ **A** Is your cellphone broken? 네 휴대폰 고장 났어?
  B 응. 나 새 휴대폰 사야 돼. should

❷ **A** Why do you look very tired today? 왜 그렇게 오늘 피곤해 보이니?
  B 너무 피곤하네. 내가 어제 회식에 참석해야만 했거든.
     have to · attend a drinking party

확장하며 쓰기
WRITING TRAINING

아래 단어들을 활용해서 일기와 문자 메시지 단락을 쓰세요.

일기 오늘은 월요일이다. 나는 월요일마다 피곤하다. 그래서 늦게 일어나고 아침에 뛰게 된다. 내일은 회의가 있다. 그래서 일찍 일어나야만 한다. 걱정이 된다.

_____
_____
_____
_____

문자 메시지
미나: 좋은 아침 ^^ 너 학교야? 나 거기로 가는 중이야.
에스더: 나 도서관에 있어. 우리 오늘 시험 봐야 돼. 빨리 와.
미나: 이런!

_____
_____
_____
_____

회의가 있다 **have a meeting** 일찍 일어나다 **get up early** 걱정되다 **be worried** 시험 보다 **take a test**
빨리 와. **Come quickly.** 어머나! 이런! **OMG (=Oh My God!)**

unit 1 　 부정문

동사가 들어간 문장을 말하다 보면 긍정문 외에 부정문으로 말해야 할 때가 있습니다. '안 한다', '못 한다'처럼 부정어 '안', '못' 등이 들어간 부정문을 영어에서는 어떻게 만드는지 꼭 알아두세요.

❶ **be동사와 조동사 평서문의 부정문**

be동사와 조동사 바로 뒤에 not을 씁니다. 영어에서 be동사와 조동사는 뒤에 오는 not과 축약돼 쓰일 수 있습니다.

is not – isn't • are not – aren't • cannot – can't • will not – won't

*am not은 축약형이 없습니다.

- **평서문** She **is** my classmate. 그녀는 저희 반 친구예요.
- **부정문** She **is not** my classmate. = She **isn't** my classmate.
  그녀는 저희 반 친구가 아니에요.
- **평서문** He **will** call me. 그는 나에게 전화할 거예요.
- **부정문** He **will not** call me. = He **won't** call me.
  그는 나에게 전화하지 않을 거예요.

❷ **일반동사 평서문의 부정문**

주어의 인칭과 시제에 맞춰 do/does/did 다음에 not을 씁니다. does는 현재시제에 주어가 3인칭 단수일 때, do는 현재시제에 3인칭 단수 이외의 주어일 때, did는 과거시제일 때 쓰입니다. do/does/did 역시 뒤에 오는 not과 축약돼 쓰입니다. 이런 do not[don't], does not[doesn't], did not[didn't] 뒤에는 항상 동사원형이 옵니다.

do not – don't • does not – doesn't • did not – didn't

- **평서문** We **get up** at 7 a.m. 우리는 오전 7시에 일어나요. (1인칭 복수 현재)
- **부정문** We **don't get up** at 7 a.m. 우리는 오전 7시에 일어나지 않아요.
- **평서문** James **likes** math. 제임스는 수학을 좋아해요. (3인칭 단수 현재)
- **부정문** James **doesn't like** math. 제임스는 수학을 좋아하지 않아요.
- **평서문** She **used** the Internet last year. 그녀는 작년에 인터넷을 사용했어요. (과거)
- **부정문** She **didn't use** the Internet last year.
  그녀는 작년에 인터넷을 사용하지 않았어요.

부정문 만들기 훈련 / NEGATIVE SENTENCE WRITING

다음 문장의 부정문을 쓰세요.

❶ She bought a computer yesterday. 그녀는 어제 컴퓨터를 샀어요.

→ _____. 그녀는 어제 컴퓨터를 안 샀어요.

❷ The game is over. 그 게임은 끝났어요.

→ _____. 그 게임은 안 끝났어요.

❸ He needs English books. 그는 영어책들이 필요해요.

→ _____. 그는 영어책들이 안 필요해요.

❹ We should go to the party. 우리는 파티에 가야 해요.

→ _____. 우리는 파티에 가지 말아야 해요.

응용 훈련 / APPLIED TRAINING

힌트 단어를 활용해 다음 우리말 문장을 영어로 쓰세요.

❶ 그녀는 일주일 전에 떠났어요. `move away`

_____.

그녀는 일주일 전에 떠나지 않았어요.

_____.

❷ 그녀는 작년에 돈을 모았어요. `save`

_____.

그녀는 작년에 돈을 모으지 않았어요.

_____.

Teacher's Tips

과거 시점의 어구

과거의 시점을 나타내는 단어로 last(지난)와 ago(~ 전에)가 있습니다. last는 명사 앞에 놓이지만, ago는 명사 뒤에 놓이지요. 이렇게 last와 ago가 들어간 과거의 시점을 나타내는 말 앞에는 in이나 at 같은 단어를 따로 쓰지 않습니다.

- She watched TV **last night**. 그녀는 어젯밤에 텔레비전을 봤어요.
- She saw the movie **two weeks ago**. 그녀는 2주 전에 그 영화를 봤어요.
- She went swimming **last month**. 그녀는 지난달에 수영하러 갔어요.

unit 2　의문문

Be동사 · 조동사 의문문

be동사와 조동사가 들어 있는 문장을 의문문으로 만들 때는 주어와 be동사, 주어와 조동사의 위치만 바꿔 주면 됩니다. 즉, be동사와 조동사가 문장 맨 앞에 나오는 거죠.

❶ be동사 의문문
→ Be동사+주어 ~?

He is handsome. 그는 잘 생겼어요.
→ Is he handsome? 그는 잘 생겼어요?

❷ 조동사 의문문
→ 조동사+주어+동사원형 ~?

You can take care of the dog. 넌 그 개를 돌봐 줄 수 있잖아.
→ Can you take care of the dog? 넌 그 개를 돌봐 줄 수 있니?

일반동사 의문문

일반동사가 쓰인 문장을 의문문으로 만들 때는 주어의 인칭과 시제에 맞춰 Do/Does/Did를 주어 앞에 두어요. Does는 주어가 3인칭 단수이면서 현재일 때, Do는 3인칭 단수를 제외한 주어에 현재시제일 때, Did는 과거시제일 때 인칭에 관계없이 사용합니다. 이때, 주어 뒤의 동사 형태는 항상 동사원형입니다.

❶ 3인칭 단수 주어에 현재일 때
→ Does+주어+동사원형 ~?

She studies Japanese. 그녀는 일본어를 공부해요.
→ Does she study Japanese? 그녀는 일본어를 공부해요?

❷ 그 외의 주어에 현재일 때
→ Do+주어+동사원형 ~?

They help her. 그들은 그녀를 도와줘요.
→ Do they help her? 그들은 그녀를 도와줘요?

❸ 과거시제일 때
→ Did+주어+동사원형 ~?

He went shopping with his mother. 그는 자기 어머니와 쇼핑하러 갔어요.
→ Did he go shopping with his mother?
　그는 자기 어머니와 쇼핑하러 갔어요?

의문문 만들기 훈련 / INTERROGATIVE SENTENCE WRITING

다음 문장의 의문문을 쓰세요.

❶ He sends text messages. 그는 문자 메시지를 보내요.
→ _____? 그는 문자 메시지를 보내요?

❷ This is your umbrella. 이게 네 우산이야.
→ _____? 이게 네 우산이야?

❸ She broke her promise. 그녀는 약속을 어겼어요.
→ _____? 그녀는 약속을 어겼어요?

❹ Jane can play the piano. 제인은 피아노를 칠 수 있어요.
→ _____? 제인은 피아노를 칠 수 있어요?

응용 훈련 / APPLIED TRAINING

힌트 단어를 활용해 다음 우리말 문장을 영어로 쓰세요.

❶ 그가 제일 좋아하는 음식은 피자입니다. `his favorite food`
_____.

그가 제일 좋아하는 음식은 피자인가요?
_____.

❷ 그녀는 지난주에 그 시험에 통과했어요. `pass the test`
_____.

그녀는 지난주에 그 시험에 통과했어요?
_____.

Teacher's Tips

시제 표현의 위치

last week(지난주에), three years ago(3년 전에), last year(작년에), next year(내년에), in the future(미래에) 같은 시제 표현은 대개 문장 맨 뒤에 옵니다. 이건 의문문에서도 마찬가지예요.

- I went to Busan **last year**. 나는 작년에 부산에 갔어요.
- Did you go to Busan **last year**? 너는 작년에 부산에 갔니?
- He smoked **five years ago**. 그는 5년 전에 담배를 피웠어요.
- Did he smoke **five years ago**? 그는 5년 전에 담배를 피웠어요?

u	you	What time r u coming home? 집에 몇 시에 올 거야?
ur	your	Are u & ur BF still fighting?
bf/gf	boyfriend/girlfriend	너랑 네 남친이랑 아직도 싸우는 거야?
tmrw	tomorrow	BTW, are we still meeting tmrw?
btw	by the way	그런데 우리 아직도 내일 만나는 건가?
ttyl	talk to you later	OK! I will see you then. Ttyl. 알았어! 그때 보자. 나중에 또 얘기하자고.
brb	be right back	I have to go to the restroom, brb. 나 화장실 가야 돼. 곧 돌아올게.
otw	on the way	A: Where are you? 너 어디야?
c u soon	See you soon	B: I'm otw. C u soon. 가고 있어. 좀 있다 봐.
omg	oh my god	Omg lol…I can't believe u did that.
lol	laughing out loud	이런, 와하하하! 네가 그랬다니 안 믿어져.
r	are	When r u planning on going? 너 언제 갈 계획이야?
thru	through	Did u get thru the entire book yet? 너 아직 책 다 안 읽었어?
k	OK	A: I finish work at 8. Let's meet then. 나 8시에 일 끝나. 그때 봐.
ttys	talk to you soon	B: K, ttys. 알았어. 좀 있다 얘기하자.
tho	though	I'm not sure yet tho. I will let u know later. 하지만 아직 확실치 않아. 나중에 알려줄게.
&	and	Fyi, tmrw we have a test in math class.
fyi	for your information	참고로, 내일 우리 수학 시간에 시험 본다.
jk	just kidding	Haha, jk. I luv u!! 하하. 농담이야. 나 너 사랑한다니까!
luv u	love you	
np	no problem	Sure, np. 그럼. 문제 없어.
r u ok	Are you ok?	R u ok?? I heard that u quit ur job. 괜찮아? 일 그만뒀다면서.

알아두면 뽐낼 수 있는 문자 메시지 축약어

Sentence Patterns+
English Speaking & Writing

Chapter 2

문장의 형식

| 1형식 | 2형식 | 3형식 | 4형식 | 5형식 |

회화나 영작 공부를 하면서 많은 학생들이 깨닫게 되는 게 바로 "내가 만든 문장에는 어순이 없구나."라는 점입니다. 우리말에도 어순이 있기는 하지만 놓이는 위치가 굉장히 자유로운 편입니다. 하지만 영어는 문장 성분이 놓이는 순서가 딱딱 정해져 있어서 그것을 벗어나면 의미가 통하는 문장을 만들 수가 없습니다.

이런 문장 성분이 놓이는 순서를 5가지로 크게 나눈 것이 흔히 말하는 5형식입니다.

이 5형식의 기준이 되는 것은 동사로, 공통된 것은 주어가 들어간다입니다. 동사에 따라 주어만 있어도 되는 게 있고, 목적어랑 이것저것 다 있어야 하는 것도 있습니다. 이 형식을 정확하게 익혀 두면 점점 표현할 수 있는 문장이 늘어간다는 걸 실감할 수 있을 거예요.

unit 1   1형식 (S+V)

영어의 5형식을 나누는 기준은 바로 동사랍니다. 동사가 어떤 것인가에 따라 문장의 형식이 결정되는데요. 1형식은 주어(S)와 동사(V) 즉, [주어+동사]만으로도 완전한 의미를 갖춘 문장을 통칭해 일컫는 말입니다. 뒤에 장소나 시간을 나타내는 표현들이 오기도 하지만 문장의 형식에는 영향을 주지 않아요.

1형식 문형

❶ 1형식 대표 동사

- **live** (살다) · **matter** (중요하다) · **go** (가다) · **come** (오다) · **arrive** (도착하다)
- **work** (효과가 있다) · **last** (지속하다) · **walk** (걷다) ···

She **came** (to our office yesterday). 그녀는 (어제 우리 사무실에) 왔어요.
I **arrived** (at the building). 나는 (그 건물에) 도착했어요.
We **walked** (in the park). 우리는 (공원에서) 걸었어요.

❷ There 구문

There is+단수명사 ~ / There are+복수명사 ~: ~이 있다
There is a fax for you. 당신에게 팩스가 한 통 와 있어요.
There are many pictures on Google. 구글에는 사진이 많이 있습니다.
There was something wrong with the file.
그 파일에 뭔가 잘못된 게 있었어요.

❸ Here 구문

Here is+단수명사 ~ / Here are+복수명사 ~: (물건을 건네며) 여기 ~이 있다
Here is your cellphone. 여기 당신 휴대폰이 있어요.
Here are the letters. 여기 편지들이 있네요.

*There is/are, Here is/are 모두 뒤에 오는 단어가 단수냐 복수냐에 따라 be동사의 형태가 달라지는 점에 주의하세요.

 한 가지 의문이 있어요. There is something wrong with the file. 외에 There are something wrong with the file.은 안 되나요? 이상한 점이 많을 수도 있잖아요^^

 네, 그렇게 생각할 수도 있어요. 많은 분들이 틀리는 부분이기도 하고요. 영어에서는 something, anything, nothing을 항상 단수로 여긴답니다. 그러니까 이상한 점들이라고 말하고 싶어도 항상 쓸 때는 단수형으로 표현해야 한다는 얘기예요. 참고로 something, anything, nothing, everything처럼 -thing으로 끝나는 단어들은 형용사와 결합할 경우 형용사가 앞이 아니라 뒤에 놓이는 특징이 있답니다. 꼭 알아두세요.

WARMING UP

우리말 문장에 맞게 빈칸에 알맞은 영어 표현을 쓰세요.

1. 이 상자 안에 선물 하나가 있었어요.
   _____ a present in this box.

2. 제 방에는 책들이 많이 있어요.
   _____ a lot of books in my room.

3. 손님! 여기 손님 세탁물입니다.
   _____ your laundry, sir.

4. Jack은 지난주에 필리핀에 갔어요. **(go)**
   _____ to the Philippines last week.

5. 그들은 시골에 살아요.
   _____ in the countryside.

6. 어제 그 파일에는 이상이 없었어요.
   _____ nothing wrong with the file yesterday.

7. 여기 메뉴가 있어요.
   _____ your menus.

8. 만나서 반갑습니다. 여기 제 명함입니다.
   Nice to meet you. _____ my business card.

SENTENCE ORDER TRAINING

단어를 정확하게 배열해서 문장을 완성하세요.

1. many • there • cars • are • on the street 거리에는 차들이 많이 있어요.
   _____.

2. she • to • every day • the office • at 3 p.m. • goes
   그녀는 매일 오후 3시에 사무실에 가요.
   _____.

예문 영작하기
SENTENCE WRITING

Hint 단어들을 이용해서 영작하세요.

1. 저희 회사에는 직원들이 많이 있어요. `employee` • `my company`

2. 그건 중요하지 않아요. `matter`

3. 이 약이 효과가 있더라고. `medicine`

4. 제 아이폰에 문제가 하나 있습니다. `with my iphone`

5. 저희 회사에는 경력 있는 직원들이 몇몇 있어요. `experienced`

6. 인터넷에는 정보가 많이 있어요. `information` • `on the Internet`

Teacher's Tips

명사 앞에 오는 수사

many+셀 수 있는 명사, much+셀 수 없는 명사: 많은 ~
a lot of/lots of+셀 수 있는 명사, 셀 수 없는 명사: 많은 ~
some+셀 수 있는 명사, 셀 수 없는 명사: 약간의 ~, 얼마의 ~

- I like **some** coffee. 나는 커피를 좀 좋아해요.
- I have **many** (=a lot of) comic books. 전 만화책이 많아요.
- They don't have **much** (=a lot of) time. 그들은 시간이 많지 않아요.
- There are **some** problems in my daily life. 제 일상 생활에 몇 가지 문제가 있어요.

대화하며 말하기
CONVERSATION SPEAKING

힌트 단어를 이용해서 문장을 말해 보세요.

❶ **A** How many students are there in the classroom?
　　　교실에 학생들이 몇 명 있어요?

　　B 교실에 학생들이 많이 있어요. `many`

❷ **A** Are you tired? 너 피곤하니?

　　B 네. 어제 회의가 3시간 동안 계속됐어요. `last`

확장하며 쓰기
WRITING TRAINING

아래 단어들을 활용해서 이메일 쓰기와 가족 소개 단락을 쓰세요.

이메일 쓰기
김 선생님께
안녕하세요.
판매 보고서에 문제가 몇 개 있었어요.

_____
_____
_____
_____

가족 소개
저희 가족은 다섯 식구가 있어요.

_____
_____
_____
_____

 ~이 있었다 **There was/were**　　판매 보고서 **sales report**　　다섯 식구 **five members**　　저희 가족은 **in my family**

unit 2   2형식 (S+V+C)

2형식은 [주어+동사+보어]로 구성되는 문장을 통칭하는 말입니다. 보어(C)는 동사만으로는 주어를 설명하기 부족해서 보충 설명해 주는 역할을 합니다. 주어에 대한 설명을 보충해 주기 때문에 주격 보어라고 하지요. 이 보어 자리에는 형용사나 명사가 오는 경우가 많은데 그 중에서 보어 자리에 형용사가 와야 하는 표현을 열심히 공부해 두셔야 합니다.

2형식 대표동사

❶ be동사 · become

be동사+형용사 · 명사: ~하다, ~이다 / become+명사: ~가 되다
He **is** kind. 그는 친절해요.
I **am** an English teacher. 저는 영어 선생님이에요.
He **became** a doctor. 그는 의사가 되었어요.

❷ become류 동사

become/get/come/go/turn/run+형용사: ~하게 되다
Dreams **come** true. 꿈은 이뤄집니다.
Many companies **went** bankrupt in 2001. 많은 회사들이 2001년에 파산했어요.
His face **turned** red. 그의 얼굴이 빨개졌어요.

❸ 오감동사+형용사

- **look** (~하게 보이다)   **smell** (~인 냄새가 나다)   **sound** (~하게 들리다)
- **taste** (~한 맛이 나다)   **feel** (~한 느낌이 들다)

이 오감동사들은 우리말로 해석하면 뒤에 마치 전치사나 부사를 써야 할 것 같지만 형용사가 온다는 점을 꼭 기억해 두세요.
You **look** young. 너 어려 보여.
It **smells** good. 이거 냄새가 좋네요.
It **sounds** great. 그거 아주 괜찮은데요. (=괜찮게 들려요.)
I **feel** happy. 나 행복한 기분이야.

선생님, taste랑 smell처럼 쿠키를 먹고 맛을 느끼는 것도 '사람'이고, 냄새를 맡고 느끼는 것도 '사람'이잖아요. 그런데 왜 주어를 '사람'으로 쓰지 않나요?

Good question! 먼저 taste에는 '~한 맛이 나다'와 '~을 맛보다' 두 가지 뜻이 있고요, smell 역시 '~한 냄새가 나다'와 '~의 냄새를 맡다' 두 가지 뜻이 있어요. 보니까 전자의 경우에는 주어 자리에 사물이 오고, 후자의 경우에는 사람이 와야겠죠? 냄새를 풍기거나 맛을 내는 것을 강조하고 싶을 때는 주어 자리에 사물을, 냄새를 맡거나 맛을 보는 행위자를 강조하고 싶을 때는 주어 자리에 사람을 쓰면 됩니다. 영어에서는 강조하고 싶은 주어가 무엇이냐에 따라 문장 형태가 바뀌기도 한답니다.

WARMING UP

우리말 문장과 맞게 주어진 빈칸에 알맞은 단어를 쓰세요.

❶ 그는 똑똑해 보여요.

He _____ smart.

❷ 그 피자는 맛있는 냄새가 나요.

The pizza _____ delicious.

❸ 그의 목소리는 전화상에서 이상하게 들렸어요.

His voice _____ strange on the phone.

❹ 그 방에서는 눅눅한 냄새가 났어요.

The room _____ damp.

❺ 이 약은 쓴 맛이 납니다.

This medicine _____ bitter.

❻ 너희 오빠 그 정장 입으니까 어제 멋져 보이더라.

Your brother _____ good in that suit yesterday.

❼ 나는 푹 잤더니 몸이 개운한 게 느껴졌어요.

After a sound sleep, I _____ refreshed.

❽ 그녀의 설명이 내게는 타당한 듯이 들려요.

Her explanation _____ reasonable to me.

SENTENCE ORDER TRAINING

단어를 정확하게 배열해서 문장을 완성하세요.

❶ sounds • sad • his voice 그의 목소리는 슬프게 들려요.

_____.

❷ turns • my face • easily • red 제 얼굴은 쉽게 빨개집니다.

_____.

예문 영작하기
SENTENCE WRITING

Hint 단어들을 이용해서 영작하세요.

❶ 그 일은 곧 수월해질 거예요. `come easy`

❷ 이것은 달콤한 냄새가 나요. `sweet`

❸ 그녀는 매일 저녁에 지치게 돼요. `get exhausted`

❹ 그는 나이에 비해 젊어 보여요. `for one's age`

❺ 그녀는 선생님처럼 보여요. `look like`

❻ Jane은 공주가 된 기분이에요. `feel like`

Teacher's Tips

오감동사+like+명사
오감동사는 뒤에 형용사가 올 수도 있지만 전치사 like를 쓰면 그 뒤에 명사가 오기도 합니다.
- **look like**+명사: ~처럼 보이다 • **smell like**+명사: ~같은 냄새가 나다 • **sound like**+명사: ~처럼 들리다
- **taste like**+명사: ~같은 맛이 나다 • **feel like**+명사: ~처럼 느껴지다

- You **look like** a genius. 너 천재처럼 보여.
- It **smells like** musk. 사향 같은 냄새가 나요.
- That doesn't **sound like** English. 그건 영어처럼 들리지가 않아요.
- It **tastes like** chicken. 그건 닭고기 맛이 나요.
- It **feels like** velvet. 그건 벨벳 느낌이 나요.

대화하며 말하기
CONVERSATION SPEAKING 힌트 단어를 이용해서 문장을 말해 보세요.

① **A** Do you like chocolate? Try it. 초콜릿 좋아하세요? 드셔 보세요.
   B 그거 맛있어 보이네요. 냄새가 사탕 같아요. `candy`

② **A** Did you have a sandwich yesterday? 너 어제 샌드위치 먹었니?
   B 아니요, 안 먹었어요. 그 샌드위치가 상했어요. `go bad`

확장하며 쓰기
WRITING TRAINING 아래 단어들을 활용해서 이메일 쓰기와 가족 소개 단락을 쓰세요.

이메일 쓰기
김 선생님께
안녕하세요. 판매 보고서에 문제가 몇 개 있었어요.
어제 바빠 보이셔서 제가 당신과 얘기를 못했네요.

_____
_____
_____
_____

가족 소개
저희 가족은 다섯 식구가 있어요.
저는 학생이에요.
저희 아버지께서는 매일 야근을 하셔서 피곤해 보이세요.

_____
_____
_____
_____

바쁜 **busy hours** 그래서 **so** ~와 얘기하다 **talk to+사람** 피곤한 **tired** 야근하다 **work overtime [extra hours]** 매일 **every day**

unit 3   3형식 (S+V+O)

3형식은 [주어+동사+목적어] 형태의 문장을 일컫는 말입니다. 목적어(O)는 우리말의 '~을, ~를'에 해당하는 말로 이 목적어를 필요로 하는 동사를 타동사라고 합니다. 하지만 우리말로는 타동사인데 영어로는 타동사가 아닌 경우도 있고, 그 반대의 경우도 있습니다. 이건 영어 고유의 차이점으로 이해하고 넘어가시면 돼요. 이 목적어 자리에는 명사, to+동사원형인 to부정사, 그리고 동사에 -ing를 붙인 동명사가 올 수 있습니다.

She caught the ball. 그녀는 공을 잡았어요. (catch+명사: ~을 잡다)
I want to see you again. 나는 당신을 다시 보고 싶습니다. (want+to부정사: ~하고 싶어하다)
I remember studying with you. 저는 당신과 공부했던 것을 기억합니다.
(remember+동명사: ~을 기억하다)

특수 타동사

우리말 뜻만 보고 전치사를 쓰지 않도록 주의하세요. 이 특수 타동사는 자체에 전치사의 의미가 포함되어 있으므로 전치사 없이 바로 목적어를 써야 합니다.

about 없이 쓰는 타동사

- answer ~에 대해 대답하다
- consider ~에 대해 고려하다
- discuss ~에 대해 토론하다
- mention ~에 대해 언급하다

He has not mentioned his parents. 그는 자기 부모님에 대해 언급한 적이 없어요.

to, into 없이 쓰는 타동사

- address ~에게 연설하다
- greet ~에게 인사하다
- approach ~에게 다가가다
- reach ~에 도착하다
- enter ~에 들어가다
- join ~에 합류하다, ~에 가입하다
- attend ~에 참석하다

I joined the basketball club last year. 저는 작년에 그 농구부에 가입했어요.

with 없이 쓰는 타동사

- marry ~와 결혼하다
- date ~와 사귀다
- divorce ~와 이혼하다
- resemble ~와 닮다

Peter divorced his wife. 피터는 자기 부인이랑 이혼했어요.

after 없이 쓰는 타동사

- follow ~ 뒤를 따라가다

They followed their instructor. 그들은 자기네 강사 뒤를 따라갔어요.

워밍업 WARMING UP

우리말 문장과 맞게 주어진 단어의 알맞은 형태를 빈칸에 쓰세요.

❶ 저는 우리 엄마랑 안 닮았어요. **(resemble)**

   I _____ my mother.

❷ 그는 주말마다 청중에게 연설을 해요. **(address)**

   He _____ the audience every weekend.

❸ 그녀는 모든 결혼식에 참석해요. **(attend)**

   She _____ all of the weddings.

❹ 그는 다음에 무엇을 할지 숙고할 필요가 있어요. **(consider)**

   He needs to _____ what to do next.

❺ 넌 항상 그것에 대해서 언급을 하니? **(mention)**

   Do you always _____ it?

❻ 저와 결혼해 주실래요? **(marry)**

   Would you _____ me?

❼ 그는 이 동아리에 작년에 가입했어요. **(join)**

   He _____ this club last year.

❽ 당신이 이 도시에 가까이 오면, 왼쪽에 이 가게가 보일 겁니다. **(approach)**

   As you _____ this town, you will see this store on the left.

어순훈련 SENTENCE ORDER TRAINING

단어를 정확하게 배열해서 문장을 완성하세요.

❶ entered • he • last year • a large company   그는 작년에 대기업에 들어갔어요.

   _____.

❷ reached • we • yesterday • the airport   우리는 어제 그 공항에 도착했어요.

   _____.

예문 영작하기
SENTENCE WRITING

Hint 단어들을 이용해서 영작하세요.

❶ 너 우리 사장님에게 인사드렸니? `greet`

❷ 제가 내일 그 이슈에 대해 대답을 드릴게요. `the issue`

❸ 그 열차가 역으로 들어오고 있어요. `approach`

❹ 엄마는 제 점수에 대해서 언급했어요. `mention` · `score`

❺ 저는 지난주에 남자친구와 데이트 했어요. `date [go on a date with]`

❻ 그는 Esther와 3년 전에 결혼했어요. `marry [get married to]`

> **Teacher's Tips**
>
> **다른 형식 같은 뜻**
>
> date는 전치사를 쓰지 않는 타동사지만 go on a date with 혹은 go out with 같은 1형식으로 동일한 뜻을 표현할 수 있어요.
> marry 역시 전치사를 쓰지 않는 타동사지만 get married to나 be married to 같은 2형식으로 동일한 뜻을 표현할 수 있답니다. 형식은 바뀌지만 의미는 같은 것으로 많이 쓰는 숙어들이니 꼭 알아두세요.

대화하며 말하기
CONVERSATION SPEAKING

힌트 단어를 이용해서 문장을 말해 보세요.

❶ Ⓐ Was there something wrong with the parking lot?
   주차장에 무슨 문제가 있었어요?

   Ⓑ 네. 그래서 우리는 그 주차장 문제에 대해 토론했어요.
   `discuss` · `issue`

❷ Ⓐ You look happy today. 오늘 기분 좋아 보이네.

   Ⓑ 내가 스키 타는 것을 좋아하잖아. `enjoy skiing`
   그래서 어제 그 스키 동아리에 가입했어. `join`

확장하며 쓰기
WRITING TRAINING

아래 단어들을 활용해서 이메일 쓰기와 가족 소개 단락을 쓰세요.

이메일 쓰기

김 선생님께
안녕하세요. 판매 보고서에 문제가 몇 개 있었어요. 어제 바빠 보이셔서 제가 당신과 얘기를 못했네요. `오늘 아침에 저희가 회의를 했고 그 문제에 대해서 토론했어요. 회의록을 첨부합니다.`

_____
_____
_____
_____

가족 소개

저희 가족은 다섯 식구가 있어요. 저는 학생이고 `내년에 취업을 하고 싶습니다.` 저희 아버지께서는 매일 야근을 하셔서 피곤해 보이세요. `저희 어머니는 친절하시고 사람들에게 먼저 인사하세요.`

_____
_____
_____
_____

회의를 하다 **have a meeting**   토론하다 **discuss**   문제 **issue**   첨부하다 **attach**
회의록 **minutes**   취업하다 **get a job**   내년에 **next year**   인사하다 **greet**   먼저 **first**

unit 4 4형식 (S+V+I.O+D.O)

4형식은 주어 외에 목적어가 두 개 필요한 동사가 들어 있는 문장을 통칭하는 표현입니다. 이때 목적어는 '~에게'라는 간접목적어(I.O)와 '~을/~를'이라는 직접목적어(D.O)를 말하며, 4형식 동사는 대부분이 목적어에게 뭔가를 (해)주는 의미라서 수여 동사라고도 합니다.

4형식 대표 동사

- **teach** ~에게 …을 가르치다   **write** ~에게 …을 쓰다   **tell** ~에게 …을 말하다
- **show** ~에게 …을 보여주다   **read** ~에게 …을 읽어 주다   **lend** ~에게 …을 빌려 주다
- **forward** ~에게 …을 전달하다   **send** …에게 ~을 보내다   **give** ~에게 …을 주다
- **buy** ~에게 …을 사 주다   **make** ~에게 …을 만들어 주다
- **cook** ~에게 …을 요리해 주다   **sing** ~에게 …을 불러주다   **ask** ~에게 …을 부탁하다
- **inquire** ~에게 …을 요청하다

My mother **gives** me pocket money every week.
우리 엄마는 매주 제게 용돈을 주세요.
His uncle **teaches** them English. 그의 삼촌은 그들에게 영어를 가르칩니다.
She will **tell** her mother the secret. 그녀는 자기 엄마한테 그 비밀을 말할 거예요.

3형식으로 바뀔 때 I.O 앞에 붙는 전치사

4형식 문장은 간접목적어와 직접목적어의 위치를 바꾸어 3형식으로 표현할 수도 있습니다. 이때는 뒤로 간 간접목적어 앞에 전치사를 붙이는데 동사에 따라 다르게 붙습니다.

- teach write tell show read lend send give ◦ 간접목적어 앞에 전치사 **to**를 쓰는 동사
- buy make cook sing ◦ 간접목적어 앞에 전치사 **for**를 쓰는 동사
- ask inquire ◦ 간접목적어 앞에 전치사 **of**를 쓰는 동사

I **gave** you money. (=I **gave** money **to** you.) 저는 당신에게 돈을 주었어요.
I **sent** Peter my résumé. (=I **sent** my résumé **to** Peter.)
나는 Peter에게 내 이력서를 보냈어요.
I can't **buy** my mother a ring.(=I can't **buy** a ring **for** my mother.)
나는 엄마에게 반지를 사 줄 수 없어요.

teach는 I teach English. 처럼 목적어 하나만을 취해 3형식 동사로도 쓰이지 않나요?

네, 맞습니다. 동사의 성질을 정확하게 인지하고 있군요. 위에서 언급한 동사 가운데 teach, write, read, buy, make, cook, sing 등은 3형식 동사로도 쓰이고 4형식 동사로도 쓰입니다. 자기가 하는 행동이 누군가를 향하고 있음을 나타내고 싶을 때는 4형식으로 쓸 수 있고요, 행위 자체를 강조할 때는 3형식으로 직접목적어만 취해 쓸 수 있습니다.

워밍업 / WARMING UP

우리말 문장과 맞게 주어진 단어를 활용해 빈칸에 쓰세요.

❶ 그들은 저에게 CD를 한 장 줬어요.

(4형식) They gave _____.

❷ 저는 Mina에게 제 책을 빌려 줬어요.

(3형식) I lent my book _____.

❸ 그는 자기 여자친구에게 비싼 반지를 사 줬어요. (expensive)

(4형식) He bought _____.

❹ 나는 그에게 몇 가지 질문을 했어요. (some)

(4형식) I asked _____.

❺ 저는 제 남자친구에게 카드를 썼어요.

(3형식) I wrote a card _____.

❻ 제가 어렸을 때 아버지께서는 저에게 책을 읽어 주셨어요.

(4형식) My father read _____ when I was young.

❼ 엄마는 저에게 매일 아침 커피를 타 주세요.

(4형식) My mother makes _____ every morning.

❽ 그는 저에게 노래를 불러주고 있어요.

(4형식) He is singing _____.

어순훈련 / SENTENCE ORDER TRAINING

단어를 정확하게 배열해서 문장을 완성하세요.

❶ teach • my brother • I • English   저는 제 남동생에게 영어를 가르칩니다.

(3형식) _____.

(4형식) _____.

❷ he • the file • forwarded • my boss   그는 우리 사장님께 그 파일을 전달했어요.

(3형식) _____.

(4형식) _____.

예문 영작하기
SENTENCE WRITING

Hint 단어들을 이용해서 영작하세요.

❶ 넌 연말에 네 선생님께 감사 카드를 쓰니? thank-you card · at the end of the year

(4형식)

(3형식)

❷ 너 네 남자친구한테 내 사진 보여줬어? show

(4형식)

(3형식)

❸ 저는 매일 엄마에게 아침 식사를 만들어 드려요. breakfast

(4형식)

(3형식)

❹ 그는 자기 여자친구에게 재미있는 얘기를 해줘요. tell · a funny story

(4형식)

(3형식)

❺ 선생님께서는 저에게 그 문제를 설명해 주셨어요. explain

❻ 저는 엄마에게 제 남자친구를 소개했어요. introduce

Teacher's Tips

뜻은 4형식 같지만 형태는 3형식인 동사

영어에는 해석은 4형식인데 3형식으로만 쓰이는 동사들이 있습니다. 대표적인 동사가 mention(~을 언급하다), explain(~을 설명하다), announce(~을 공표하다), introduce(~을 소개하다), describe(~을 묘사하다)인데요. 이 동사들은 '~에게'라는 뜻을 나타낼 때 반드시 'to+명사' 형태를 씁니다.

- My boss **mentioned** the program **to me**.(O) 사장님은 저에게 그 프로그램을 언급했어요.
  My boss mentioned me the program.(X)
- She **announced** summer vacation **to her members**.(O)
  그녀는 팀원들에게 여름 휴가를 알렸어요.
  She announced her members summer vacation. (X)

대화하며 말하기
CONVERSATION SPEAKING

힌트 단어를 이용해서 문장을 말해 보세요.

❶ **A** Do you write a letter to your boyfriend every day?
너는 남자친구에게 매일 편지를 쓰니?

B 아니, 나는 그 애한테 일주일에 한 번 편지를 써. `once a week`

❷ **A** The watch looks expensive. 그 시계 비싸 보이네요.

B 제 남자친구가 저한테 그 시계를 사 줬어요. `buy`

확장하며 쓰기
WRITING TRAINING

아래 단어들을 활용해서 이메일 쓰기와 가족 소개 단락을 쓰세요.

이메일 쓰기
김 선생님께
안녕하세요. 판매 보고서에 문제가 몇 개 있었어요.
어제 바빠 보이셔서 제가 당신과 얘기를 못했네요.
오늘 아침에 저희가 회의를 했고 그 문제에 대해서 토론했어요.
회의록을 첨부합니다. 제가 그걸 영업부서에도 전달했습니다.

_____
_____
_____
_____

가족 소개
저희 가족은 다섯 식구가 있어요.
저는 학생이고 내년에 취업을 하고 싶습니다.
저희 아버지께서는 매일 야근을 하셔서 피곤해 보이세요.
아버지는 바쁘지만 저에게 문자 메시지를 종종 보내 주세요.
저희 어머니는 친절하시고 사람들에게 먼저 인사하세요.

_____
_____
_____
_____

 전달하다 **forward** 영업부서 **sales department** 종종 **often** (일반동사 앞에 위치) 보내다 **send**
문자 메시지 **text message**

unit 5 5형식 (S+V+O+O.C)

5형식은 우리가 전에 배운 3형식(주어+동사+목적어)에 목적보어(O.C)를 더한 문장 형태를 통칭하는 표현입니다. 보어는 부족한 것을 보충 설명한다고 했죠? 보어가 2형식에서는 주어를 보충 설명하지만 5형식에서는 목적어를 보충 설명해 주기 때문에 목적보어라고 합니다. 이 목적보어 자리에는 형용사, 명사, 부정사 등이 올 수 있습니다.

목적보어의 형태

❶ 목적보어 자리에 형용사가 오는 동사

- **find** 목적어가 ~라는 걸 알아내다
- **make** 목적어를 ~한 상태로 만들다
- **consider** 목적어가 ~하다고 여기다

I **found** English **easy**. 난 영어가 쉽다는 것을 알게 됐어요.
My father **makes** my family **happy**. 우리 아버지는 가족들을 행복하게 만들어 주세요.

❷ 목적보어 자리에 명사가 오는 동사

- **name** 목적어를 ~라고 이름 짓다
- **call** 목적어를 ~라고 부르다
- **choose** 목적어를 ~로 뽑다/선택하다
- **make** 목적어를 ~로 만들다

My father **named** me **Jane**. 아버지는 저를 Jane이라고 이름 지어 주셨어요.
People **call** him **Alex**. 사람들은 그를 Alex라고 불러요.

❸ 목적보어 자리에 부정사(to+동사원형)가 오는 동사

- **want** 목적어가 ~하기를 원하다
- **would like** 목적어가 ~하기를 원하다
- **allow** 목적어가 ~하는 걸 허락하다
- **encourage** 목적어가 ~하도록 격려하다
- **advise** 목적어가 ~하도록 조언하다
- **tell** 목적어가 ~하도록 말하다

I **want** my mother **to go** on a trip. 나는 우리 어머니가 여행을 가시길 원해요.
My father doesn't **allow** me **to study** abroad.
아버지는 제가 유학 가는 걸 허락하지 않으세요.

4형식에서도 make가 나왔는데 5형식에도 make가 나왔네요. 어떻게 구별하나요?

영어에서 동사는 여러 뜻으로 쓰입니다. 그래서 find(~을 찾다), make(~을 만들다), consider(~을 고려하다), call(~에게 전화걸다), want(~을 원하다) 등은 3형식 동사로도 쓰이죠. 또 make(~에게 …을 만들어 주다), tell(~에게 …을 말하다) 등은 4형식 동사로도 쓰이고요. 동사가 어떤 형식과 의미로 쓰였는지는 예문을 통해서 확인해야 해요.
She **made** her son **a doctor**. 그녀는 자기 아들을 의사로 만들었어요.
She **made** her son **dinner**. 그녀는 자기 아들에게 저녁을 만들어 줬어요.
첫 번째 문장은 [her son = a doctor] 관계이기 때문에 5형식이에요. 두 번째 문장은 [her son ≠ dinner]로 4형식 문장입니다. 이것은 문장을 많이 접하다 보면 저절로 알게 될 거예요.

WARMING UP

우리말 문장과 맞게 주어진 단어를 활용해 빈칸에 쓰세요.

❶ 사람들은 저희 언니를 융통성이 있다고 여기더라고요. (flexible)

People _____ my sister _____.

❷ 나는 그 영화가 재미있다는 것을 알게 됐어요. (interesting)

I _____ the movie _____.

❸ 우리 엄마는 제가 밤에 나가는 것을 허락하지 않으세요. (go out)

My mother doesn't _____ me _____ at night.

❹ 그들은 그를 17대 대통령으로 선택했어요. (the 17th president)

They _____ him _____.

❺ 저희 부모님은 저에게 최선을 다하라고 격려해 주세요. (do one's best)

My parents _____ me _____.

❻ 저는 제 미래의 고객들을 기분 좋게 만들어 줄 거예요. (cheerful)

I will _____ my future customers _____.

❼ 우리는 그 꽃을 장미라고 부릅니다. (a rose)

We _____ the flower _____.

❽ 우리 사장님이 저에게 야근하라고 말씀하셨어요. (work overtime)

My boss _____ me _____.

SENTENCE ORDER TRAINING

단어를 정확하게 배열해서 문장을 완성하세요.

❶ wants • he • to • study • me • English 그는 제가 영어를 공부하기를 원해요.

_____.

❷ makes • me • he • angry 그는 저를 화나게 만들어요.

_____.

예문 영작하기
SENTENCE WRITING

Hint 단어들을 이용해서 영작하세요.

❶ 저희 팀 매니저는 우리 팀원들을 활기차게 만들어요. `energetic`

❷ 저희 사장님께서는 제가 야근하기를 원하세요. `work overtime`

❸ 저희 선생님께서는 제게 영어를 자신 있게 말하라고 말씀하세요. `confidently`

❹ 저희 할머니는 저를 훌륭한 의사로 만들어 주셨어요. `a good doctor`

❺ 우리 엄마는 저녁 식사 후에 제가 설거지를 하게 시키세요. `make` · `do the dishes`

❻ 우리는 그들이 그 동아리에 들게 놔 둘 겁니다. `let` · `join`

Teacher's Tips

목적보어로 동사원형을 취하는 동사

이번 과에서 목적보어 자리에 to부정사가 오는 것을 배웠죠? 그런데 5형식 동사 중에는 목적보어 자리에 동사원형이 와야 하는 것이 있어요. 바로 make(목적어가 ~하게끔 만들다), have(목적어가 ~하게 하다), let(목적어가 ~하게 하다)으로, 이 동사들 뒤에 목적어가 오고 목적보어가 올 때는 동사원형을 쓰세요. make는 5형식 동사로 형용사, 명사, 동사원형을 모두 취할 수 있는 만능 동사예요. 참고로 make, have, let은 공통적으로 목적어에게 '~하라고 시키는' 의미라서 사역동사라고 부른다는 것도 알아두세요.

- My daughter **makes** me **feel** happy. 우리 딸은 내가 행복하다고 느끼게끔 만들어요.
- Jane **had** them **sign** the contract. 제인은 그들이 계약서에 서명하게 했어요.
- Please **let** them **know** the truth. 제발 그들이 진실을 알게 해주세요.

대화하며 말하기
CONVERSATION SPEAKING

힌트 단어를 이용해서 문장을 말해 보세요.

❶ A 너희 언니 결혼했니? `get married`
   B 아니. 우리 부모님은 늘 언니가 결혼하길 원하시지. `always`

❷ A 너는 너희 사장님 존경해? `respect`
   B 응, 사장님의 부지런함이 사장님을 부자로 만들었거든.
   `diligence` · `a rich man`

확장하며 쓰기
WRITING TRAINING

아래 단어들을 활용해서 이메일 쓰기와 가족 소개 단락을 쓰세요.

이메일 쓰기

김 선생님께
안녕하세요. 판매 보고서에 문제가 몇 개 있었어요. 어제 바빠 보이셔서 제가 당신과 얘기를 못했네요. 오늘 아침에 저희가 회의를 했고 그 문제에 대해서 토론했어요. 회의록을 첨부합니다. 제가 그걸 영업부서에도 전달했습니다.
사장님께서는 우리가 이 문제를 해결하길 원하세요.
김미나 올림

_____
_____
_____
_____
_____

가족 소개

저희 가족은 다섯 식구가 있어요. 저는 학생이고 내년에 취업을 하고 싶습니다.
저희 아버지께서는 매일 야근을 하셔서 피곤해 보이세요. 아버지는 바쁘지만 저에게 문자 메시지를 종종 보내 주세요. 저희 어머니는 친절하시고 사람들에게 먼저 인사하세요.
어머니는 자기 주변 사람들이 행복하기를 원하세요.

_____
_____
_____
_____
_____

해결하다 `solve`   (메일 등에서) ~ 올림 `Best regards+이름`   ~ 주변의 사람들 `people around`

외모 묘사

- **thin, slim** 마른
- **plump** 귀엽게 통통한
- **handsome** 잘생긴
- **have a nice figure** 몸매가 좋다
- **have plastic surgery on ~** 00 부위를 성형하다
- **fat** 뚱뚱한
- **good-looking** 얼굴이 잘생긴
- **fair skin** 고운 피부
- **wear heavy makeup** 화장을 진하게 하다
- **wear light makeup** 화장을 연하게 하다

긍정적인 성격 묘사

- **open-minded** 편견 없는
- **funny** 웃기는
- **hard working** 열심히 일하는
- **introvert** 내성적인
- **good-natured** 성격 좋은
- **fun** 재미있는
- **sociable** 사교적인
- **outgoing** 외향적인
- **honest** 솔직한

부정적인 성격 묘사

- **selfish** 이기적인
- **hard to please** 까다로운
- **cold-hearted** 냉정한
- **rude** 무례한
- **narrow-minded** 속좁은
- **shy** 부끄럼을 타는
- **stubborn** 완고한
- **uptight** 신경질적인
- **nosy** 참견을 잘하는
- **worrywart** 소심한 사람

알아두면 뽐낼 수 있는
나 또는 타인을 묘사할 때 쓰는 유용한 표현들

Tense+
English Speaking & Writing

Chapter 3

시제

| 현재시제 | 과거시제 | 미래시제 | 현재완료 (1) | 현재완료 (2) | 과거완료 · 미래완료 |

과거가 있어야 오늘이 있고 오늘이 있어야 미래가 존재합니다. 영어의 시제 개념은 한국어보다 많이 엄격한 편입니다. 시제를 정확하게 사용하지 못하면 원어민이 말하는 내용의 디테일한 부분을 이해할 수 없을 거예요. 원어민이 I loved you.라고 말했다면 이건 과거에 그런 거고 현재는 사랑하는지 아닌지 모르는 겁니다. 하지만 I have loved you.라고 말했다면 과거부터 사랑하기 시작해서 지금까지도 사랑하고 있다는 얘기죠. 이런 미묘한 차이를 알아야만 정말 영어를 잘할 수 있습니다.

동사에 시제가 빠질 수 없는 거죠.
풍부한 동사 어휘에 정확한 시제 개념이 더해진다면 여러분의 영작과 회화 실력은 그만큼 더 쑥쑥 올라갈 것입니다.

unit 1   현재시제

현재시제와 현재진행형은 자칫하면 잘못 쓸 수 있는 거라 개념을 정확히 알고 차이점을 이해하는 것이 중요합니다.

현재시제

동사원형/동사+(e)s

❶ 불변의 진리 · 속담 · 보편적인 사실을 나타낼 때

The earth **revolves** around the sun. 지구는 태양 주위를 돌죠. (불변의 진리)
Water **boils** at 100 degrees Celsius. 물은 100도에서 끓어요. (불변의 진리)

❷ 현재의 습관 · 반복적인 행동을 나타낼 때

I **watch** TV every night. 나는 매일 밤 텔레비전을 봐요.
I **go** to work on foot. 나는 걸어서 출근해요.

❸ 지속적인 상태를 나타낼 때

She **has** a talent for music. 그녀는 음악에 재능이 있어요.
He **is** a student. 그는 학생입니다.

현재진행형

am/are/is+동사-ing

❶ 말하는 바로 그 순간에 일어나는 일을 나타낼 때

It's **raining** outside. 밖에 비가 오고 있어요.
She **is falling** asleep now. 그녀는 지금 졸고 있어요.

❷ 일시적 혹은 제한적으로 진행 중인 동작 · 상태를 표현할 때

She **is working** hard this week. 그녀는 이번 주에 일을 열심히 하고 있어요.
My score **is** consistently **improving** this month.
제 점수가 이번 달에 계속 향상되고 있어요.

❸ 바뀔 가능성이 거의 없는 가까운 미래를 나타낼 때

My boss **is meeting** Peter for dinner.
우리 사장님은 Peter와 저녁 먹으러 만날 겁니다.
His aunt **is coming** soon. 그의 고모가 곧 오실 거예요.

'오늘'은 무조건 현재시제라고 생각하면 되는 거죠?

현장에 있다 보면 오늘은 무조건 현재라고 생각하는 분들이 꽤 많더라고요. 하지만 현재시제는 '오늘' 개념이 아니라 반복되고 규칙적인 일들을 말할 때 씁니다. 따라서 오늘 이미 해버린 행동이라면 과거로 써야 하죠.
He **made** a mistake today. 그는 오늘 실수했어.
He **makes** a mistake. 그는 (반복적으로) 실수를 해.

WARMING UP

우리말 문장에 맞게 괄호 안 동사의 알맞은 형태를 빈칸에 쓰세요.

① 그는 매일 일찍 일어납니다. **(get up)**

He _____ early every day.

② 시간은 금이다. **(be)**

Time _____ gold.

③ 그녀는 점심을 먹는 중입니다. **(eat)**

She _____ lunch.

④ 그는 예술에 안목이 있어요. **(have)**

He _____ an eye for art.

⑤ 우리는 내일 일본을 떠날 거예요. **(leave)**

We _____ Japan tomorrow.

⑥ 저는 당신을 사랑해요. **(love)**

I _____ you.

⑦ 엘리는 자신의 미래를 생각하고 있어요. **(think)**

Elly _____ about her future.

⑧ 그거 잘 됐네요. **(sound)**

That _____ good.

SENTENCE ORDER TRAINING
어순훈련

단어를 정확하게 배열해서 문장을 완성하세요.

① is • she • now • driving 그녀는 지금 운전 중입니다.

_____.

② the store • at • opens • 7 a.m. 그 가게는 오전 7시에 문을 열어요.

_____.

unit **1** 현재시제 55

예문 영작하기
SENTENCE WRITING

Hint 단어들을 이용해서 영작하세요.

❶ 그는 유머 감각이 있어요. `a sense of humor`

❷ 제 남자친구는 사교적인 자리에서 술을 잘 마셔요. `social drinker`

❸ 저희 언니는 요즘 아르바이트를 찾고 있어요. `search for` · `these days`

❹ 우리 어머니가 지금 운전 중이세요. `drive`

❺ 그녀는 종종 점심을 걸러요. `often` · `skip`

❻ 우리는 항상 밤에 영화를 봅니다. `always` · `at night`

Teacher's Tips

현재시제와 빈도부사

현재시제는 규칙적 혹은 반복적으로 나타내는 행동을 표현하기 때문에 횟수나 빈도를 나타내는 빈도부사와 자주 쓰입니다. 빈도부사에는 다음 단어들이 있어요.

- **always** 항상 · **usually** 대개 · **often** 종종, 자주 · **sometimes** 가끔 · **seldom** 거의 ~안 하는
- **never** 전혀 ~ 않는

빈도부사의 위치는 조동사와 be동사 뒤, 그리고 일반동사 앞입니다.

- We **usually** play basketball in class. 우리는 수업 시간에 주로 농구를 해요. (일반동사 play 앞)
- The store is **always** open 24 hours a day. 그 가게는 24시간 항상 열려 있어요. (be동사 is 뒤)

대화하며 말하기
CONVERSATION SPEAKING 힌트 단어를 이용해서 문장을 말해 보세요.

❶ **A** Do you usually study English in the morning?
넌 주로 아침에 영어 공부하니?

　B 아니, 난 항상 밤에 영어 공부를 해. `at night`

❷ **A** What is your sister doing now? 네 여동생 지금 뭐하고 있니?

　B 그 애는 엄마랑 얘기하는 중이야. `talk with`

확장하며 쓰기
WRITING TRAINING 아래 단어들을 활용해서 하루 일과와 생일 카드 쓰기 단락을 쓰세요.

하루 일과
저는 항상 아침 6시에 일어납니다.
저는 버스로 학교에 갑니다.
방과후에는 어학원에서 영어를 공부합니다.

_____
_____
_____
_____

생일 카드 쓰기
생일 축하해.
난 지금 신촌에 있는데 너를 생각하고 있어.
우리는 여기에 좋은 추억들이 있잖아.

_____
_____
_____
_____

학교에 가다 **go to school**　버스로 **by bus**　어학원 **language institute**　방과후에 **after school**
생각하다 **think about**　추억 **memory**　여기에 **here**

unit 2 과거시제

과거의 특정 시점에 일어난 행동이나 상태를 나타낼 때 과거시제를 씁니다.

과거시제

과거의 동작 · 상태 · 습관을 나타낼 때

동사+-(e)d/불규칙동사의 과거형

I **went** on a blind date last year. 나는 작년에 소개팅을 했어요. (과거의 동작)
She **was** a member of the club. 그녀는 그 동아리 회원이었어요. (과거의 상태)
He **used to** call me on the phone. 그는 나에게 전화하곤 했었어요. (과거의 습관)

과거진행형

was/were+동사-ing

❶ 과거의 특정 시간에 일어난 동작을 표현할 때

I **was reading** a book then. 저는 그때 책을 읽고 있었어요.
My teacher couldn't call because he **was meeting** a person from ABC company.
우리 선생님은 전화할 수가 없었어요. 왜냐하면 ABC사에서 온 사람을 만나고 계셨거든요.

❷ 과거 일정 기간 동안 진행된 일

I **was studying** hard during last semester. 저는 지난 학기 동안 열심히 공부하고 있었어요.
What **was** he **doing** during his last spring vacation?
그는 지난 봄 방학 동안 뭘 하고 있었니?

＊ 보통 이런 과거시제나 과거진행형 시제는 과거를 나타내는 어구와 함께 쓰입니다.
ago (~ 전에), last (지난), yesterday (어제), in the past … (과거 ~에)

저는 동사에 -ing 붙이는 것이 어렵더라고요. 특별한 규칙이 있나요?

의외로 이 부분을 틀리는 분들이 많습니다. 이제는 눈치로 그냥 쓰기보다 규칙을 확실히 알고 정확하게 쓰세요.

1. 대부분의 일반동사 뒤에 -ing를 붙이세요.
   read(읽다) - reading / study(공부하다) - studying

2. -e로 끝나는 경우는 e를 삭제하고 -ing를 붙이세요.
   take(취하다, 가져가다) - taking / make(만들다) - making

3. '모음+자음'으로 끝나는 1음절 동사나, '모음+자음'으로 끝나는 부분에 강세가 오는 동사는 뒤의 자음을 한 번 더 쓰고 -ing를 붙이세요.
   sit(앉다) - sitting / permit(허락하다) - permitting

WARMING UP

괄호 안 동사의 알맞은 형태를 빈칸에 쓰세요.

❶ 저희 오빠는 작년에 자격증을 땄어요. **(get)**

My brother _____ certified last year.

❷ 그는 2년 전에 여자친구랑 헤어졌어요. **(break)**

He _____ up with his girlfriend two years ago.

❸ 제 여동생은 음악을 듣는 중이었어요. **(listen)**

My sister was _____ to music.

❹ 제가 조금 전에 음식을 주문했어요. **(order)**

I _____ food a minute ago.

❺ 그녀는 지난달에 이 부서에서 일했어요. **(work)**

She _____ in this department last month.

❻ 그는 할아버지를 돌봐 드렸어요. **(take)**

He _____ care of his grandfather.

❼ 그녀는 전화 통화 중이었어요. **(talk)**

She _____ on the phone.

❽ 그가 어제 프레젠테이션을 했어요. **(give)**

He _____ a presentation yesterday.

어순 훈련
SENTENCE ORDER TRAINING

단어를 정확하게 배열해서 문장을 완성하세요.

❶ she • skating • began • at the age of six

그녀는 6살 때 스케이트를 타기 시작했어요.

_____.

❷ waiting • for the bus • was • I • yesterday   난 어제 버스를 기다리는 중이었어요.

_____.

예문 영작하기
SENTENCE WRITING

Hint 단어들을 이용해서 영작하세요.

❶ 그녀는 작년에 결혼했어요. `get married`

❷ 전 어제 게임에서 이겼어요. `win a game`

❸ 우리 아빠는 엄마를 늘 도와주셨어요. `help`

❹ 그는 오늘 아침에 그 프로젝트를 끝냈어요. `finish` · `this morning`

❺ 저는 일찍 일어나곤 했죠. `used to`

❻ 내가 그에게 전화를 했을 때 그는 자는 중이었어요. `when`

> **Teacher's Tips**
>
> **used to + 동사원형: ~하곤 했었다**
> 과거에는 했지만 현재에는 하지 않는 습관, 혹은 상태를 나타낼 때 씁니다.
> - My father **used to** be healthy. 우리 아빠가 건강하시곤 했는데. (현재는 건강하지 않음)
>
> **접속사 + 주어 + 동사**
> when(~할 때), while(~하는 동안), because(~하기 때문에) 등의 접속사 뒤에 '주어+동사'를 쓰면 문장을 더 자세히 설명할 수 있습니다. 이 '접속사+주어+동사'는 문장 앞이나 뒤에 놓여요.
> - **When** I got home, I was very hungry. 집에 도착했을 때 나는 매우 배가 고팠어요.

대화하며 말하기
CONVERSATION SPEAKING

힌트 단어를 이용해서 문장을 말해 보세요.

❶ **A** You look different. Did you change your style?
너 달라 보인다. 스타일을 바꿨니?

B 응, 나 어제 머리 잘랐어. `haircut`

❷ **A** I called you many times. Why didn't you answer my calls?
나 너한테 여러 번 전화했어. 왜 내 전화 안 받았니?

B 미안해. 나 어제 관광하고 있었어. `sightsee`

확장하며 쓰기
WRITING TRAINING

아래 단어들을 활용해서 하루 일과와 생일 카드 쓰기 단락을 쓰세요.

하루 일과
저는 항상 아침 6시에 일어납니다. 저는 버스로 학교에 갑니다.
방과후에는 어학원에서 영어 공부를 합니다. 어제는 아파서 영어 수업에 결석했어요.

_____
_____
_____
_____

생일 카드 쓰기
늦었지만 생일 축하해.
지난주에 너에게 선물을 주고 싶었는데 부산에서 회의가 있었어.
난 지금 신촌에 있는데 너를 생각하고 있어. 우리는 여기에 좋은 추억들이 있잖아.

_____
_____
_____
_____

~에 결석하다 **be absent from**   늦은 **belated**   ~하고 싶다 **want to+동사원형**   선물 **gift**
회의가 있다 **have a meeting**

unit 3 미래시제

미래를 나타내는 가장 대표적인 방법으로 〈will+동사원형〉과 〈be동사+going to+동사원형〉이 있습니다. 비슷한 의미지만 쓰임새가 살짝 다르니 주의해야 합니다.

Will

❶ 미래의 일이나 계획을 나타낼 때

I **will** stay there tonight. (=I'm going to stay there tonight.)
저는 오늘 밤에 거기에서 머물 거예요.

There **will** be a midterm next Monday.
(=There is going to be a midterm next Monday.)
다음 주 월요일에 중간 고사가 있을 거예요.

❷ 약속이나 의지를 나타낼 때

I **won't** forget you. 난 당신을 잊지 않을 거예요.

Don't worry. I **will** look after him. 걱정하지 마. 내가 그를 돌봐줄게.

Be going to

❶ 근거가 있는 미래를 예측할 때

It's so cloudy. It**'s going to** rain sooner or later.
날씨가 너무 흐리네요. 조만간 비가 올 거예요.

Look at the traffic jam! We **are going to** be late.
교통체증 좀 봐 봐. 우리가 늦을 것 같아.

❷ 이미 계획되거나 예정된 일을 나타낼 때

My room is dirty, so I **am going to** clean it tonight.
제 방이 지저분해서 오늘 밤에 이걸 청소할 거예요.

The meeting **is going to** be at 10 a.m. today. 회의는 오늘 오전 10시에 있을 겁니다.

주어 뒤에 'll은 will을 축약해 쓴 건가요?

네, will은 특히 대명사 주어 뒤에 놓일 때 'll로 축약해서 쓰일 수 있어요. 특히 회화에서는 이렇게 축약된 형태로 많이 씁니다. 하지만 글로 쓸 때는 축약하지 않고 그대로 쓰는 것이 정석입니다.

I will → I'll   You will → You'll   We will → We'll
She/He/It will → She'll/He'll/It'll   They will → They'll

WARMING UP

괄호 안의 말을 넣어 문장을 완성하세요.

① 제가 팩스를 보낼게요. (will)

I _____ fax you.

② 그는 내일 그 동아리에 가입할 거예요. (be going to)

He _____ join the club tomorrow.

③ 나는 당신이 보고 싶을 거야. (will)

I _____ miss you.

④ 저희 사장님께서 점심을 드실 거예요. (be going to)

My boss _____ have lunch.

⑤ 저는 가난한 사람들을 도울 거예요. (will)

I _____ help poor people.

⑥ 우리는 돈을 그 재단에 기부할 거예요. (will)

We _____ donate money to the foundation.

⑦ 저는 오늘 밤 친구들과 어울려 놀 거예요. (be going to)

I _____ hang out with my friends tonight.

⑧ 그들은 결혼을 미룰 거예요. (will)

They _____ put off marriage.

SENTENCE ORDER TRAINING

단어를 정확하게 배열해서 문장을 완성하세요.

① I • leave • will • tomorrow • Korea   난 내일 한국을 떠날 거예요.

_____.

② do her homework • is going to • tonight • she   그녀는 오늘 밤에 숙제할 거예요.

_____.

예문 영작하기
SENTENCE WRITING

Hint 단어들을 이용해서 영작하세요.

❶ 전 다음 달에 회사를 그만둘 거예요. `quit one's job`

❷ 그녀는 다음 주에 출산할 예정입니다. `have a baby`

❸ 제가 내일 이메일 보낼게요. `email`

❹ 전 목요일에 진찰을 받을 거예요. `see a doctor`

❺ 그는 자기 블로그를 업데이트 할 계획이에요. `be planning to`

❻ 나는 다음 달에 팀 프로젝트를 할 예정입니다. `work on a team project`

Teacher's Tips

will/be going to를 대체할 수 있는 표현들
- be planning to + 동사원형 ~할 계획이다
- be scheduled to + 동사원형 ~할 예정이다
- be supposed to + 동사원형 ~하기로 되어 있다
- be about to + 동사원형 ~하려던 참이다

- He **is planning to** travel abroad. 그는 해외 여행을 할 계획입니다.
- She **is scheduled to** have a meeting with my team next week.
  그녀는 다음 주에 우리 팀과 회의를 할 예정이에요.
- My brother **is about to** drink coffee. 내 남동생이 커피를 마시려던 참이에요.

대화하며 말하기
CONVERSATION SPEAKING

힌트 단어를 이용해서 문장을 말해 보세요.

❶ **A** When will you graduate from school? 넌 언제 졸업하니?
  B 저는 내년에 졸업할 거예요.

❷ **A** Are you busy next weekend? 다음 주말에 바빠요?
  B 네. 저는 다음 주말에 할머니 댁에 방문할 거예요. `visit`

확장하며 쓰기
WRITING TRAINING

아래 단어들을 활용해서 하루 일과와 생일 카드 쓰기 단락을 쓰세요.

하루 일과 저는 항상 아침 6시에 일어납니다. 저는 버스로 학교에 갑니다. 방과후에는 어학원에서 영어 공부를 합니다. 어제는 아파서 영어 수업에 결석했어요.
오늘 저는 수업을 복습할 계획이에요. 내일은 페이스북에 사진을 업데이트 할 거예요.

생일 카드 쓰기 늦었지만 생일 축하해.
지난주에 너에게 선물을 주고 싶었는데 부산에서 회의가 있었어.
난 지금 신촌에 있는데 너를 생각하고 있어. 우리는 여기에 좋은 추억들이 있잖아.
이건 내가 고른 선물이야. 네가 좋아하면 좋겠어.

복습하다 review   ~에 …을 업데이트 하다 update ... on ~   내가 고른 선물 gift that I picked
~을 바라다 hope that+주어+동사   마음에 들어하다 like

unit 4   현재완료 (1)

현재완료는 [have/has+p.p.] 형태로 과거의 일이 현재와 연관돼 있음을 나타냅니다. 대표 의미는 네 가지로 이 과에선 그 중 두 가지를 공부합니다.

현재완료의 대표 의미 (1)

❶ 완료   최근에/방금 ~해 버렸다
already(이미), yet(부정문에서 '아직'), just(방금, 막), recently(최근에) 등과 쓰입니다.
He **has just sent** you an email. 그는 막 당신에게 이메일을 보냈어요.
Have you **already arrived** there? 너는 벌써 거기에 도착한 거니?

❷ 경험   (지금까지) ~해 본 적이 있다
ever, never(전혀), before(전에), once(한 번), twice(두 번) 등과 쓰입니다.
Have you **ever studied** English? 너는 영어 공부를 해 본 적이 있니?
I've smoked once. 저도 한 번 담배를 피운 적이 있어요.

 * 현재완료는 과거의 일이 현재까지 이어지는 것을 나타내기 때문에 명백하게 과거를 나타내는 단어들, 예를 들어 yesterday / last year / ago … 등과는 함께 쓰이지 않습니다.

현재완료 의문문과 부정문 만들기

❶ 의문문   Have/Has+주어+p.p. ~?

- **평서문** She **has used** the cellphone before.
  그녀는 전에 휴대폰을 사용한 적이 있어요.

- **의문문** **Has** she **used** the cellphone before?
  그녀는 전에 휴대폰을 사용해 본 적이 있어요?

❷ 부정문   have/has+not/never+p.p.

- **평서문** She **has used** the cellphone before.
  그녀는 전에 휴대폰을 사용한 적이 있어요.

- **부정문** She **has not used** the cellphone before.
  그녀는 전에 휴대폰을 사용해 본 적이 없어요.

 * 현재완료의 have/has는 대명사 주어와 축약해서 've, 's로 쓰일 수 있고, 부정문에서 have not은 haven't로, has not은 hasn't로 축약해서 쓰일 수 있습니다.

already, yet, just는 문장에서 어디 놓아야 하나요? 매번 헷갈려요.

일반적으로 yet은 문장 맨 뒤에 놓이는 경향이 있어요.
ex. She hasn't got there **yet**. 그녀는 아직 거기에 도착하지 않았어요.
already와 just는 have/has와 p.p. 사이에 들어갑니다. 참고로 never, ever도 마찬가지입니다.
ex. She has **just** called you. 그녀가 너에게 막 전화했어.
before, once, twice ~ 같은 횟수는 문장 맨 뒤에 놓으면 됩니다.
ex. I've seen the movie **twice**. 나는 그 영화를 두 번 봤어요.

워밍업 / WARMING UP

괄호 안의 동사를 현재완료 시제로 바꿔 문장을 완성하세요.

① 저는 이미 숙제를 마쳤어요. **(already / finish)**

I _____ my homework.

② 넌 한국 음식을 먹어 본 적 있니? **(ever / eat)**

_____ Korean food?

③ 그가 막 너에게 전화했어. **(just / call)**

He _____ you.

④ 그녀는 그 시험을 본 적이 있니? **(ever / take)**

_____ the test?

⑤ 그는 전에 그 휴대폰을 쓴 적이 있어요. **(use)**

He _____ the cellphone before.

⑥ 전 아직 그에게 편지를 못 받았어요. **(receive)**

I _____ a letter from him yet.

⑦ 난 한 번도 그 배우를 본 적이 없어. **(never / see)**

I _____ the actor.

⑧ 전 그 게임을 두 번 해 본 적이 있어요. **(play)**

I _____ the game twice.

어순훈련 / SENTENCE ORDER TRAINING

단어를 정확하게 배열해서 문장을 완성하세요.

① already • met • you • him • have 너는 벌써 그를 만났니?

_____.

② has • he • tried to • early • never • get up
그는 일찍 일어나려고 노력해 본 적이 없어요.

_____.

예문 영작하기
SENTENCE WRITING

Hint 단어들을 이용해서 영작하세요.

❶ 저는 막 당신에게 제 이력서를 보냈어요. just · my résumé

❷ 그녀는 벌써 아침을 먹었어요. already · eat

❸ 그는 전에 그 영화배우를 만난 적이 있어요. meet · before

❹ 너 김치 먹어 본 적 있니? ever · try

❺ 그녀는 부산에 가 본 적이 있어요. be to

❻ 그녀는 출장 차 일본에 가고 없어요. go to · on business

Teacher's Tips

헷갈리는 have been to와 have gone to
- have/has been to+장소: ~에 가 본 적이 있다
- have/has gone to+장소: ~로 가버리고 (현재 여기에) 없다
- He has been to America. 그는 미국에 가 본 적이 있어요.
- He has gone to America. 그는 미국에 가고 (현재 여기에) 없어요. (그는 지금 미국에 있음)
  I have gone to America. 나는 미국에 가고 (현재 여기에) 없어요. (X)

*have gone to는 의미상 1, 2인칭 주어와는 안 쓰입니다.

대화하며 말하기
CONVERSATION SPEAKING

힌트 단어를 이용해서 문장을 말해 보세요.

❶ **A** How many times have you ever been to America?
   미국에 몇 번이나 가 봤어요?

   B 난 미국에 가 본 적이 한 번도 없어요. `never`

❷ **A** I am very hungry. 나 배가 무척 고픈데.

   B 엄마가 아직 아침을 차리지 않으셨어. `fix` · `yet`

확장하며 쓰기
WRITING TRAINING

아래 단어들을 활용해서 소개팅 얘기하기와 인터뷰 경력 소개 단락을 쓰세요.

소개팅 얘기하기

Jane: 너 소개팅 해 본 적 있어?
Elly: 나 벌써 소개팅 했어.
Jane : 정말? 그 사람 어땠어?

_____
_____
_____
_____

인터뷰 경력 소개

인터뷰를 보게 돼서 기뻐요.
저는 김하나입니다.
저는 전에 Sony와 일을 해 본 적이 있습니다.

_____
_____
_____
_____

소개팅 하다 **have a blind date**   ~가 어땠어? **What was ~ like?**   ~하게 돼서 기쁘다 **be happy to**+동사원형
인터뷰하다 **have an interview**   ~와 일하다 **work with**

unit **4** 현재완료 (1) 69

unit 5 현재완료 (2)

현재완료는 [have / has + p.p.] 형태로 과거에 일어난 일이 현재와 연관되어 있음을 나타내는 시제라는 것, 잊지 않고 있지요?

현재완료의 대표 의미 (2)

❸ 계속

(지금까지) ~해 왔다, ~하고 있다
for+기간(~ 동안), since+시점(~ 이래로) 등과 함께 쓰입니다.
He **has been** sick **since** last year. 그는 작년부터 몸이 (계속) 안 좋아요.
She **has worked** for the company **for** five years.
그녀는 5년 동안 그 회사에서 일하고 있어요.

> **현재완료 진행형**
> [have/has been+동사-ing] 형태로 현재완료 계속 용법과 큰 차이는 없어요. 하지만 동작동사를 이렇게 쓸 경우 현재까지 동작이 (계속) 되고 있음을 강조합니다.
> • She **has painted** this house for a week.
> 그녀는 일주일 동안 이 집을 칠했어요. (칠하고 있다는 사실만을 전달)
> • She **has been painting** this house for a week.
> 그녀는 일주일 째 이 집을 칠하고 있어요. (지금까지도 칠하고 있다는 것을 강조하는 느낌)

❹ 결과

~해서 (그 결과) 지금 …인 상태이다
대부분의 현재완료 문장이 이에 속하며, 원어민이 과거형이 아니라 현재완료를 썼을 때의 의도를 알아채는 것이 중요합니다.
My uncle **has gone** to America.
우리 삼촌은 미국에 가 버리셨어요. (그래서 현재 여기 안 계셔요.)
I've left my book at home.
나는 집에다 내 책을 두고 왔어요. (그래서 지금 나한테 그 책이 없어요.)

'~ 동안'의 뜻으로 for도 있고, during도 있고 while도 있는데 어떻게 달라요?

많은 분들이 궁금해하는 내용입니다. 잘못 혼용하기도 하고요. 간단히 정리해 드릴게요. for 뒤에는 숫자와 관련된 기간이, during 뒤에는 특정 기간이, while 뒤에는 <주어+동사>가 옵니다.
• 5년 동안: **for** five years
• 2년 동안: **for** two years
• 인터뷰 동안: **during** my interview
• 전쟁 기간 동안: **during** the war
저는 공부하는 동안 커피를 마셔요. **While** I study, I drink coffee.

워밍업 / WARMING UP

괄호 안의 동사를 현재완료 시제로 바꿔 문장을 완성하세요.

❶ 우리는 작년부터 알고 지내고 있어요. **(know / since)**

We _____ each other _____ last year.

❷ 그는 팔이 부러졌어요. (그래서 지금 못 움직여요.) **(break)**

He _____ his arm.

❸ 그녀는 3일 동안 그 책을 읽고 있어요. **(read)**

She _____ the book for three days.

❹ 그는 출장으로 영국에 가고 없어요. **(go)**

He _____ to England on business.

❺ 너희 어머니는 계속 방을 청소하고 계시니? **(clean)**

_____ your mother _____ a room?

❻ 나는 그 파일을 잃어 버렸어. (그래서 지금 파일이 없어.) **(lose)**

I _____ the file.

❼ 제 남자친구는 계속 사무실에서 일하고 있어요. **(work / 현재완료 진행형으로)**

My boyfriend _____ in the office.

❽ 저희 고모는 계속 혼자 살고 계세요. **(live)**

My aunt _____ alone.

어순 훈련 / SENTENCE ORDER TRAINING

단어를 정확하게 배열해서 문장을 완성하세요.

❶ I · since · have · stamps · collected · last year
저는 작년부터 우표를 모으고 있어요.

_____.

❷ have · I · his · forgotten · phone number
나는 그의 전화번호를 잊어 버렸어요. (그리고 지금도 기억 못 해요.)

_____.

예문 영작하기
SENTENCE WRITING

Hint 단어들을 이용해서 영작하세요.

① 저는 2년째 영어 공부를 하고 있어요. `for two years`

② 그는 지난주부터 계속 피곤했습니다. `tired` · `since`

③ 그들은 부산으로 이사를 가버렸어요. (그래서 지금 부산에서 삽니다.) `move to`

④ 난 차에 열쇠를 놓고 잠갔어요. (그래서 지금 차 문을 열 수가 없어요.) `lock`

⑤ 그는 어렸을 때부터 부산에 살고 있어요. `since he was young`

⑥ 그는 어렸을 때 부산에 살았어요. `when he was young`

Teacher's Tips

현재완료는 해석에 의존하지 말고 전제인 '과거의 행위가 현재까지 연관된다'는 것에 집중하세요.
그러면 과거시제 어구는 현재까지 영향을 주지 않기 때문에 현재완료에 쓸 수 없다는 것을 알게 됩니다.

- She has lived in Seoul last year. (X)
  ⋯ last year는 '작년'이라는 명확한 과거를 나타내므로 현재완료와 같이 쓰일 수 없습니다.
- He went on a date with his girlfriend here three years ago. (O)
  그는 3년 전에 그의 여자친구와 여기서 데이트를 했어요.
- They have read the book since when they were young. (X)
  ⋯ since와 when을 나란히 쓸 수 없으며, since일 때는 현재완료 시제를, when일 때는 과거시제를 써야 맞습니다.

대화하며 말하기
CONVERSATION SPEAKING

힌트 단어를 이용해서 문장을 말해 보세요.

❶ A How long have you worked in the marketing department?
   마케팅부서에서 얼마나 오래 일했어요?

   B 난 이 부서에서 2년째 일하고 있는 중이에요. `be working`

❷ A Where is your laptop? 네 노트북 어디 있어?

   B 나 인터넷으로 그것 팔았어. (그래서 지금 없어.) `on the Internet`

확장하며 쓰기
WRITING TRAINING

아래 단어들을 활용해서 소개팅 얘기하기와 인터뷰 경력 소개 단락을 쓰세요.

소개팅 얘기하기

Jane: 너 소개팅 해 본 적 있어?
Elly: 나 벌써 소개팅 했어.
Jane: 정말? 그 사람 어땠어?
Elly: 그 사람 아주 친절해. 우리 8개월째 사귀고 있어.

_____
_____
_____
_____

인터뷰 경력 소개

인터뷰를 보게 돼서 기뻐요. 저는 김하나입니다.
저는 SKY사 영업부서에서 5년째 일하고 있습니다.
저는 전에 Sony와 일을 해 본 적이 있습니다.
저는 많은 프로젝트를 성공적으로 마쳤습니다.

_____
_____
_____
_____

사귀다 **date each other** ~부서에서 일하다 **work in+부서명** 영업부서 **sales department** 성공적으로 **successfully** 마치다 **complete**

unit 6 과거완료 · 미래완료

이번에는 과거완료와 미래완료를 공부합니다. 현재완료가 [have+p.p.]였죠? 이때의 have 대신 과거형인 had를 쓰면 과거완료, 미래형인 will have 를 쓰면 미래완료입니다.

과거완료

과거완료는 [had+p.p.]의 형태로 과거 이전의 일이 과거까지 영향을 미치는 경우에 사용합니다. 보통 과거완료 문장에는 일반 과거시제 문장이 함께 쓰입니다.

She **had lived** in Incheon for five years before she died.
그녀는 죽기 전에 5년 동안 인천에 살았어요.

He **had** already **left** work when I called him.
내가 그에게 전화했을 때 그는 벌써 퇴근을 했어요.

Before I was 20 years old, I **had** never **studied** English.
전 스무 살 전에는 영어 공부를 해 본 적이 없어요.

미래완료

미래완료는 [will have+p.p.]의 형태로 '(미래의 그때쯤에는) ~하였을 것이다'로 해석됩니다. 미래의 어떤 시점에 완료되거나 지속될 일을 표현하지요. 보통 미래의 기준 시점을 나타내는 부사구와 함께 쓰입니다.

I **will have been** married for 20 years by next year.
저는 내년이면 결혼한지 20년째가 됩니다.

She **will have finished** the job by six o'clock.
그녀는 6시까지는 그 일을 다 끝낼 것입니다.

He **will have lived** here for 10 years by next month.
그는 다음 달이면 여기서 거주한지 10년째가 됩니다.

선생님 과거완료가 어려운데요, 조금 쉽게 쓰는 요령이 있을까요?

사실 완료 시제가 한국인들에게 쉽지가 않아요. 우리말에는 완료 시제라는 게 명확하게 없으니까요. 또 내용을 이해했다 해도 그것을 적용하는 건 다른 문제거든요. 그래도 과거완료가 중요한 건 행위나 상태의 발생 순서를 나타낼 수 있기 때문입니다.
과거완료를 회화나 영작에 쓸 때는 항상 [과거+그보다 더 먼저 일어난 대과거]를 기억하세요. 대과거를 쓰려면 또 다른 과거가 존재해야 하잖아요. 다음 문장을 보세요.
'내가 식당에 도착했을 때(과거)+그 회식은 이미 끝난 상태였어(대과거)'를 영어 문장으로 쓰면 When I arrived at the restaurant(과거), the staff gathering had already finished.(대과거-과거완료)입니다. 물론 [대과거+과거] 순서도 상관없어요. 대과거를 쓰기 위해서는 또 다른 과거가 존재하도록 연습해 주세요. 도움이 많이 될 거예요.

워밍업 / WARMING UP

우리말 문장과 맞게 주어진 단어의 알맞은 형태를 빈칸에 쓰세요.

❶ 저는 다음 주면 이 책을 읽은지 2주째가 됩니다. **(read)**

I _____ this book for two weeks (by) next week.

❷ 전 10살 전에는 해외에 가 본 적이 없었어요. **(be)**

Before I was 10 years old, I _____ abroad.

❸ 내년이면 그녀가 해외에서 거주한지 3년째가 됩니다. **(live)**

She _____ abroad for three years (by) next year.

❹ 학생들이 교실에 들어왔을 때 수업은 이미 시작한 상태였어요. **(already/begin)**

When students entered the classroom, the lesson _____.

❺ 그들은 4시까지 일을 끝낼 것입니다. **(finish)**

They _____ their work by four o'clock.

❻ 그녀가 도착했을 즈음 그는 그곳을 이미 떠났습니다. **(leave)**

By the time she arrived, he _____ there.

❼ 내가 James를 봤을 때 그는 9년 동안 여기서 살고 있었어요. **(live)**

James _____ here for nine years when I saw him.

❽ 우리 부모님은 내년이면 결혼하신지 20년째가 됩니다. **(be)**

My parents _____ married for 20 years (by) next year.

어순 훈련 / SENTENCE ORDER TRAINING

단어를 정확하게 배열해서 문장을 완성하세요.

❶ my sister • have • will • there • for 8 years • by next year • worked

우리 언니는 내년이면 거기서 일한지 8년째가 돼요.

_____.

❷ I • lost • when • had • the train • I • left • my bag

열차에서 내렸을 때 난 가방을 잃어버렸어요.

_____.

예문 영작하기
SENTENCE WRITING

Hint 단어들을 이용해서 영작하세요.

❶ 제가 역에 도착했을 때 그 열차는 이미 떠나 버렸어요. `depart` · `arrive at`

❷ 내년이면 제가 영어 공부를 한지 3년째가 됩니다. `by next year`

❸ 전 3년 전에 여기 이사 오기 전에 미국에 가 본 적이 없었어요. `be` · `move here`

❹ 다음 달이면 제가 여자친구와 연애한지 8개월째가 됩니다. `date my girlfriend`

❺ 제가 한국에 돌아왔을 때 언니는 3개월째 아파서 누워 있었어요. `be sick` · `come back to`

❻ 그는 다음 시즌이면 NBA에서 10년째 뛰고 있는 거예요. `be playing in NBA`

> **Teacher's Tips**
>
> **미래완료 진행형**
> 미래완료에서 동작이 진행되는 것을 강조하고 싶을 때는 미래완료 진행형(will have been -ing)을 씁니다.
> - They **will have been reviewing** his working papers until he arrives.
>   그들은 그가 도착할 때까지 그의 작업 보고서를 읽고 있을 겁니다.
> - I **will have been lying** on the couch for two hours by the time you visit me. 당신이 나를 방문할 때쯤이면 나는 소파에 두 시간째 누워 있는 중일 겁니다.

대화하며 말하기
CONVERSATION SPEAKING

힌트 단어를 이용해서 문장을 말해 보세요.

① **A** Did you have lunch with James? 너 James랑 점심 먹었니?
　B 내가 식당에 도착했을 때 James가 점심을 이미 먹었더라고.
　　already · eat

② **A** How long have you been using your cellphone?
　　네 휴대폰을 얼마나 쓰고 있는 거야?
　B 다음 달이면 내가 이 휴대폰을 사용한지 8개월이 돼. use

확장하며 쓰기
WRITING TRAINING

아래 단어들을 활용해서 소개팅 얘기하기와 인터뷰 경력 소개 단락을 쓰세요.

소개팅 얘기하기

Jane: 너 소개팅 해 본 적 있어?
Elly: 나 벌써 소개팅 했어.
Jane: 정말? 그 사람 어땠어?
Elly: 그 사람 아주 친절해. 우리 8개월째 사귀고 있어.
Jane: 그 사람 어디 살아?
Elly: 다음 달이면 그가 수원에서 산지 4개월째야. 거기로 이사하기 전에 우리 집 근처에 살았었고.

인터뷰 경력 소개

인터뷰를 보게 돼서 기뻐요. 저는 김하나입니다. 저는 SKY사 영업부서에서 5년째 일하고 있습니다. 저는 전에 Sony와 일을 해 본 적이 있습니다. 저는 많은 프로젝트를 성공적으로 마쳤습니다. 저는 영업부서에서 일하기 전에 마케팅 분야에서 일했던 적이 있습니다. 저는 마케팅과 영업 분야에서 전문성을 가지고 있다고 생각합니다.

~ 근처에 **near**　　분야 **field**　　전문성 **specialty**　　A와 B에서 **in both A and B**

unit **6** 과거완료 · 미래완료　77

인터뷰 도입 부분

- **I'm happy to+동사원형:** ~하게 돼서 기쁩니다
  → I am happy to have an interview. 인터뷰를 보게 돼서 기쁩니다.

- **I'm honored to+동사원형:** ~하게 돼서 영광입니다
  → I am honored to be here. 이 자리에 있게 되어 영광입니다.

경력 및 경험 소개

- **I have 00 years of experience -ing:** 00년 간 ~한 경험이 있습니다
  → I have three years of experience working in the marketing department.
  저는 마케팅 부서에서 3년 간 일한 경험이 있습니다.

- **I had a great experience -ing:** ~하면서 좋은 경험을 했어요
  → I had a great experience working as a sales clerk. 저는 점원으로 일하면서 좋은 경험을 했어요.

- **do a part-time job:** 아르바이트를 하다
  → I did many part-time jobs. 저는 많은 아르바이트를 했습니다.

- **I learned a great deal about ~:** ~에 대해서 많이 배웠습니다
  → I learned a great deal about time management. 저는 시간 관리에 대해 많은 것을 배웠습니다.

포부

- **I would like to+동사원형:** ~하고 싶습니다
  → I would like to work in the human resources department. 저는 인사과에서 일하고 싶습니다.

- **do one's best:** 최선을 다하다
  → I will do my best. 최선을 다하겠습니다.

- **My short-term goal is to+동사원형:** 제 단기 목표는 ~입니다
  → My short-term goal is to learn as much as about this company.
  제 단기 목표는 이 회사에 대해서 가능한 한 많이 배우는 겁니다.

- **My long-term goal is to+동사원형:** 제 장기 목표는 ~입니다
  → My long-term goal is to work in English. 저의 장기 목표는 영어로 일을 하는 겁니다.

알아두면 뽐낼 수 있는
합격을 보장하는
인터뷰 준비 핵심 표현들

Passive Voice +
English Speaking & Writing

Chapter 4

수동태

수동태 (1)　**수동태 (2)**

여행 가려고 공항에 갔는데 거기서 여권을 도둑 맞았습니다. 그렇다면 영어로 뭐라고 해야 할까요? I was stolen my passport. 이거 아니냐고요? 문법도 내용도 모두 틀린 문장입니다.

영어의 수동태는 의지에 상관없이 어떤 행동을 당하거나 상태에 처하게 되는 객체를 강조하고 싶을 때 쓰는 문형입니다. 해석을 해보면 대개 '~하게 되다, ~ 당하다'가 되죠. 참고로 영어 원어민들은 일상생활에서 수동태를 그렇게 많이 쓰지 않아요. 하지만 경우에 따라 수동태를 써야 하는 상황이 많기 때문에 따로 꼭 연습하셔야 합니다.

unit 1 수동태(1)

자신이 어떤 의지를 갖고 행하는 것은 능동적이라 하고, 남에게 당하거나 남 의지에 따르는 건 수동적이라고 하죠? 영어 문장에서 수동태도 마찬가지입니다. 자신의 의지와 상관없이 어떤 행동을 당하거나 상태에 처한 주어를 강조하고 싶을 때 이 수동태를 씁니다. 수동태의 기본 형태는 〈주어+be동사+p.p.+by 행위자〉이며, '주어가 ~에게 당하다/~되다'로 해석합니다.

수동태의 시제

❶ 수동태 현재   be동사 현재형+p.p.(+by 행위자)
- 능동 She **writes** a story. 그녀는 이야기를 씁니다.
- 수동 A story **is written** by her. 이야기가 그녀에 의해 쓰여져요.

❷ 수동태 과거   be동사 과거형+p.p.
- 능동 He **sold** a computer. 그는 컴퓨터를 팔았어요.
- 수동 A computer **was sold** by him. 컴퓨터가 그에 의해 팔렸어요.

❸ 수동태 미래   will be+p.p.
- 능동 They **will build** a new hospital next year.
  그들은 내년에 새 병원을 지을 거예요.
- 수동 A new hospital **will be built** by them next year.
  새 병원이 내년에 그들에 의해 지어질 거예요.

수동태에서 by+행위자의 생략

❶ 행위자가 일반적인 사람일 때
English **is spoken** in America. 영어는 미국에서 사용돼요.

❷ 행위자가 명확하지 않거나 밝힐 필요가 없을 때
Many people **were killed** in the war. 많은 사람들이 전쟁에서 사망했어요.
The window **was broken**. 그 창문이 깨졌어요.

수동태는 이제 알겠어요. 그런데 과거분사(p.p.)를 맞추는 게 어려워요. 다 암기해야 하나요?

많은 분들이 이 p.p. 쓰는 부분에서 실수하더라고요. 그런데 동사, 그 중에서도 불규칙동사의 3단 변화형은 다 암기해야 해요. 과거분사가 수동태에서만 쓰이는 게 아니라 완료 시제에서도 쓰이고, 5형식 문장의 목적격 보어로도 쓰이기 때문이지요. 영어 학습에서 무조건 외워야 하는 부분이 있다면 그건 바로 동사 기본 변화형입니다.

WARMING UP

우리말 문장을 보고 괄호 안 동사의 알맞은 형태를 빈칸에 쓰세요.

❶ 그 자동차는 Daniel에 의해 디자인됐어요. **(design)**

   The car _____ by Daniel.

❷ 새로운 모델이 Jack에 의해 소개됐어요. **(introduce)**

   A new model _____ by Jack.

❸ 이 빵은 우리 엄마에 의해 구워졌어요. **(bake)**

   This bread _____ by my mother.

❹ 그 차는 우리 아빠에 의해 수리됐어요. **(repair)**

   The car _____ by my father.

❺ 이 집은 우리 할아버지에 의해 지어졌어요. **(build)**

   This house _____ by my grandfather.

❻ 이 파일이 삭제됐어요. **(delete)**

   This file _____ .

❼ 그 도둑이 경찰에 의해 체포됐어요. **(arrest)**

   The thief _____ by the police.

❽ 어르신들이 존경받아야 해요. **(should)**

   Senior citizens _____ respected.

SENTENCE ORDER TRAINING

단어를 정확하게 배열해서 문장을 완성하세요.

❶ the picture • painted • was • by Picasso
   그 그림은 피카소에 의해 그려졌어요.
   _____.

❷ we • the wedding cake • will • make 우리가 그 웨딩케이크를 만들 거예요.
   _____.

예문 영작하기
SENTENCE WRITING

Hint 단어들을 이용해서 영작하세요.

① 그 회의는 다음 주 월요일에 열릴 거예요. `be held`

② 그 집은 1990년에 지어졌어요. `build`

③ 잡지들이 편의점에서 팔려요. `at the convenience stores`

④ 저는 우리 선생님에게 혼났어요. `scold`

⑤ 그는 그의 엄마를 닮았어요. `resemble`

⑥ 그는 좋은 차를 가지고 있어요. `have`

> **Teacher's Tips**
>
> **수동태로 쓰이지 않는 동사들**
> 영어에는 수동태로 쓰이지 않는 동사들이 있습니다. 대표적인 동사가 have(가지다), resemble(~를 닮다), suit(~와 어울리다), lack(~이 부족하다), fit(~에 맞다)입니다.
> - I **had** a nice laptop. (O) 저는 좋은 노트북이 있었어요.
>   A nice laptop was had by me. (X)
> - These shoes **fit** me well. (O) 이 신발은 저에게 잘 맞아요.
>   I am fitted well by these shoes. (X)

대화하며 말하기
CONVERSATION SPEAKING

힌트 단어를 이용해서 문장을 말해 보세요.

❶ **A** Who took care of you during your childhood?
어렸을 때는 누가 널 돌봐주셨니?

B 엄마가 일하느라 바쁘셔서 난 어렸을 때 우리 할머니 손에서 자랐어. `raise` · `young` · `busy working`

❷ **A** Did you attend the meeting yesterday? 어제 그 회의에 참석했어요?

B 그 회의는 어제 취소됐어요. `cancel`

확장하며 쓰기
WRITING TRAINING

아래 단어들을 활용해서 고민 상담과 약속 잡기 단락을 쓰세요.

고민 상담 경기가 참 안 좋아요.
제 가장 친한 친구가 지난주에 해고됐어요.

_____
_____
_____
_____

약속 잡기 JOY 식당에 가 본 적 있으세요?
그 식당이 리모델링 했다고 들었어요.
오늘 오후 5시쯤에 만나는 것 어떠세요?

_____
_____
_____
_____

경기가 안 좋다 **time is rough**　　해고되다 **be fired**　　~에 가 본 적 있어요? **Have you (ever) been to ~?**
~라고 듣다 **hear that ~**　　(건물이) 리모델링하다 **be renovated**　　~하는 것 어때요? **How about ~?**
~쯤에 **around**

unit 2 수동태 (2)

다음은 〈by+행위자〉의 by 대신 다양한 전치사를 쓰는 수동태 구문입니다. 회화와 작문에서 자주 쓰이는 구문이므로 꼭 암기해야 합니다.

수동태 구문	뜻	수동태 구문	뜻
be known to	~에게 알려지다	be known for = be famous for	~로 유명하다
be covered with	~로 덮여 있다	be satisfied with	~에 만족하다
be pleased with	~ 때문에 기쁘다	be interested in	~에 관심이 있다
be concerned about	~을 걱정하다	be surprised at	~에 놀라다
be crowded with	~로 붐비다/북적이다	be filled with = be full of	~로 가득 차다
be annoyed at/by	~에게 화가 나다	be tired of = be sick of = be sick and tired of	~이 지겹다
be scared of	~을 무서워하다	be disappointed in/with	~에 실망하다

The playground **was covered with** snow. 그 운동장은 눈으로 덮여 있었어요.
I **was pleased with** your email. 저는 당신의 이 메일 덕분에 기뻤어요.
She **was annoyed at** me. 그녀는 저에게 화나 있었어요.

이걸 다 외워야 하나요? 암기가 안 돼요ㅠㅠ

물론이죠. 다 외워야 해요. 여기 나온 구문들은 회화와 영작에 무척 자주 쓰입니다. 예를 들어볼까요? 친구 때문에 놀랐을 때 보통 "야, 너 때문에 놀랐잖아!"라고 말하지 "야! 네가 날 놀라게 했잖아!" 이렇게 말하는 경우는 많지 않잖아요. 영어를 쓰는 사람들도 그렇답니다. 그렇기 때문에 이 구문들을 외워 두는 게 좋죠. 지금은 암기가 안 돼도 문장을 자꾸 만들어 보고 연습하면 쉽게 암기할 수 있을 거예요. 걱정하지 마세요.

WARMING UP

우리말 문장을 읽고 괄호 안 동사의 알맞은 형태를 빈칸에 쓰세요.

① 우리 부모님은 제 승진에 기뻐하셨어요. (please)

My parents _____ my promotion.

② 저는 그 벌레가 무서워요. (scare)

I _____ the bug.

③ 그 선생님은 성실한 걸로 유명해요. (know)

The teacher _____ his sincerity.

④ 그 도서관은 책으로 가득 차 있어요. (fill)

The library _____ books.

⑤ 그녀는 그의 태도에 화가 났었어요. (annoy)

She _____ his attitude.

⑥ 너는 그 이야기가 지겹니? (tire)

Are you _____ the story?

⑦ 그는 그 포지션에 관심이 있니? (interest)

Is he _____ the position?

⑧ 우리는 작년에 그 결과에 만족했어요. (satisfy)

We _____ the result last year.

SENTENCE ORDER TRAINING

단어를 정확하게 배열해서 문장을 완성하세요.

① is • she • concerned • her score • about   그녀는 그녀의 점수를 걱정하고 있어요.

_____.

② I • annoyed • was • at • rude manners • his
나는 그의 무례한 매너에 화가 났어요.

_____.

예문 영작하기
SENTENCE WRITING

Hint 단어들을 이용해서 영작하세요.

❶ 그 식당은 금요일마다 사람들로 북적거려요. `crowded` · `on Fridays`

❷ 저는 제 영어 실력에 만족하지 않아요. `satisfied` · `ability`

❸ 저희 부모님은 그 결과에 만족하지 않으셨어요. `the result`

❹ 그 회사는 젊은 사람들에게 잘 알려져 있어요. `known`

❺ 저는 일찍 일어나는 게 지겨워요. `tired` · `getting up`

❻ 그는 영어로 일기를 쓰는 것에 관심이 있어요. `keeping a diary in English`

Teacher's Tips

전치사+명사/동명사

이번 과에서 배운 수동태 구문에서는 by 외에 at, to, for, in, of 등 다양한 전치사가 쓰입니다. 이런 전치사 뒤에 올 수 있는 것은 명사와 대명사 목적격 그리고 동사에 -ing를 붙인 동명사입니다.

- She is tired **of studying** English. (O) 그녀는 영어를 공부하는 게 지겨워요.
  She is tired of study English. (X)
- He is interested **in meeting** you. (O) 그는 당신을 만나는 것에 관심이 있어요.
  He is interested in meet you. (X)

대화하며 말하기
CONVERSATION SPEAKING

힌트 단어를 이용해서 문장을 말해 보세요.

① **A** How was your test yesterday? 어제 네 시험은 어땠니?
   B 시험이 어려웠어. 난 수학 시험에서 낙제할까 봐 두려워.
   `difficult` · `fail the math exam`

② **A** Did your boss like your presentation?
   너희 사장님이 네 프레젠테이션 마음에 들어 하셨어?
   B 우리 사장님이 내 프레젠테이션에 아주 실망하셨어. `disappointed`

확장하며 쓰기
WRITING TRAINING

아래 단어들을 활용해서 고민 상담과 약속 잡기 단락을 쓰세요.

고민 상담 경기가 참 안 좋아요. 제 가장 친한 친구가 지난주에 해고됐어요. 전 그 소식에 너무 놀랐습니다. 제 미래가 걱정이 됩니다.

_____
_____
_____
_____

약속 잡기 JOY 식당에 가 본 적 있으세요? 그 식당은 피자로 유명해요. 그 식당이 리모델링 했다고 들었어요. 그 식당이 멋져 보일 것 같아요. 오늘 오후 5시쯤에 만나는 것 어떠세요? 거기가 점심 시간에는 많은 사람들로 북적이거든요.

_____
_____
_____
_____

소식 **news** ~이 걱정되다 **be worried about** 내 미래 **my future** ~로 유명하다 **be known for**
~일 것 같다 **I think ~** ~해 보이다 **look+형용사** 점심 시간 동안 **during lunch hour**

약속 정하기

- Where shall we meet? 어디서 만날까요?
- What about May 3? 5월 3일 어떠세요?
- What's a good time for you? 몇 시가 좋으세요?
- I am really booked today. 오늘은 일정이 꽉 차 있어요.
- Two o'clock sounds good. 2시면 좋아요.

약속 변경/취소

- I won't be able to meet you due to a business trip. 출장 때문에 만나지 못할 것 같습니다.
- I am sorry, but today is not good. 죄송하지만 오늘은 곤란하네요.
- I have an emergency to deal with. 급하게 처리할 일이 있어요.
- If at all possible, I would like to reschedule for the next week.
  가능하다면 다음 주로 약속을 다시 잡고 싶습니다.
- I am sorry for any inconvenience. 불편을 드려서 죄송합니다.
- I hope you understand. 이해 부탁드려요.
- I am afraid that I may have to cancel the schedule. 죄송하지만 그 일정을 취소해야 할 것 같아요.

변경 이유 활용 어휘

- **an internal meeting** 내부 회의
  → I have an internal meeting this afternoon. 오늘 오후에 내부 회의가 있어요.
- **sick leave** 병가
  → I am on sick leave for two days. 제가 이틀간 병가 중입니다.
- **a conflicting schedule** 중복 일정
  → Due to conflicting schedules, I can't participate in the event.
  일정이 겹쳐서 제가 그 행사에 참여 못합니다.
- **family matter** 집안 문제
  → I'd like to reschedule the meeting for tomorrow because of my family matter.
  집안 문제로 회의를 내일로 재조정하고 싶습니다.

알아두면 뽐 낼 수 있는
약속을 잡을 때 알아두면 좋은 표현들

Gerund+
English Speaking & Writing

Chapter 5

동명사

동명사 (1)   동명사 (2)   동명사 (3)

동명사는 이름에서처럼 [동사의 성질]을 가지고 [명사의 역할]을 하는 녀석을 가리킵니다. 우리말 '저기서 수영하는 것은 위험해.'를 볼까요? 여기서 주어 '저기서 수영하는 것은'이 바로 영어 동명사에 해당하는 것으로 이렇게 문장의 주어 자리에 올 수도 있고, 목적어 자리에 올 수도 있고, 보어 자리에도 올 수 있습니다. 대개 '~하는 것'으로 해석되고요, 동사에 -ing를 붙여서 만듭니다.

그런데 왜 이런 동명사가 필요한 걸까요? 영어는 주어 자리에 동사가 그대로 오는 걸 절대 허락하지 않는 언어이기 때문입니다. 그래서 반드시 모양을 바꿔야 하는데, 그 중 하나가 동사에 -ing를 붙이는 거죠. 참고로 영어에는 동사-ing 모습을 한 것으로 동명사 외에 현재분사도 있어서 잘 구별할 수 있어야 합니다.

unit 1 동명사 (1)

동명사는 〈동사-ing〉의 형태로, 동사의 성격을 가지고 명사처럼 쓰이는 것입니다. 동사의 성격을 가진다는 것은 부사의 수식을 받을 수 있고, 주어나 목적어를 가질 수 있다는 거예요. 명사처럼 쓰인다는 것은 문장에서 주어, 목적어, 보어 자리에 놓일 수 있다는 의미입니다.

❶ 주어

동명사는 문장의 주어 자리에 놓일 수 있으며 '~하는 것은, ~하는 것이'로 해석됩니다.
Staying up all night is not a good idea. 밤을 새는 것은 좋은 생각이 아니야.
Speaking English is not easy. 영어를 말하는 건 쉽지 않아요.
Walking in the forest makes us feel free.
숲 속을 걷는 건 우리를 자유로운 기분이 들게 만들죠.

❷ 목적어

동명사는 타동사나 전치사 뒤에 나올 수 있으며 대부분 '~하는 것을'로 해석됩니다.
I finished **working on a project**. 나는 프로젝트 하는 것을 마쳤어요. (finish의 목적어)
She enjoys **cooking Chinese food**.
그녀는 중국 요리하는 것을 즐겨요. (enjoy의 목적어)
He is thinking of **going to America**.
그는 미국에 가는 것을 생각 중입니다. (전치사 of의 목적어)

❸ 보어

주어와 동격을 나타내며 주로 be동사와 함께 쓰여 '~하는 것이다'로 해석됩니다.
My hobby is **listening to music**. 제 취미는 음악을 듣는 겁니다. (my hobby와 동격)
Her goal is **becoming a singer**. 그녀의 목표는 가수가 되는 거예요. (her goal과 동격)

목적어로 동명사형이 오는 동사
- **finish** ~을 끝내다 **mind** ~을 꺼리다 **like** ~을 좋아하다 **enjoy** ~을 즐기다
- **give up** ~을 포기하다 **avoid** ~을 피하다 **suggest** ~을 제안하다
- **consider** ~을 고려하다 **delay** ~을 지연시키다 **postpone** ~을 연기하다
- **put off** ~을 미루다 **stop** ~을 그만두다

현재진행도 '동사-ing'인데, 동명사의 '동사-ing'와 어떻게 구별해요?

정말 좋은 질문입니다. 일단 모양만 보지 말고, 문장에서의 역할을 잘 보세요. 예를 들어 My pleasure is going on a trip.에서 going은 동명사예요. my pleasure=going on a trip이 성립되니까요. 그럼 I am going on a trip.은 어떨까요? 이때의 going은 동격이 아니라 주어인 I의 동작을 설명하기 때문에 현재진행형입니다. 같은 going이지만 의미와 성격이 완전히 다르지요?

WARMING UP

괄호 안 동사를 동명사형으로 만들어 빈칸에 쓰세요.

❶ 산책하는 건 제가 가장 좋아하는 것 중 하나예요. **(take a walk)**

_____ is one of my favorite things to do.

❷ 저는 친구들 앞에서 노래하는 것을 즐겨요. **(sing)**

I enjoy _____ songs in front of my friends.

❸ 저에게 친절하게 충고해 주셔서 감사합니다. **(advise)**

Thank you for _____ me kindly.

❹ 일에서 제가 가장 좋아하는 부분은 제 학생들과 함께 공부하는 것이에요. **(study)**

My favorite part of the job is _____ with my students.

❺ 우리는 그 문제에 대해서 토론하는 것을 미뤘어요. **(discuss)**

We put off _____ the problem.

❻ 제가 가장 좋아하는 취미는 인터넷을 검색하는 겁니다. **(surf)**

My favorite hobby is _____ the Internet.

❼ 영어 소설을 읽는 것은 매우 중요합니다. **(read an English novel)**

_____ is very important.

❽ 저는 영어 말하기를 잘합니다. **(speak)**

I am good at _____ English.

SENTENCE ORDER TRAINING

단어를 정확하게 배열해서 문장을 완성하세요.

❶ avoided · him · meeting · I · in person

저는 그를 개인적으로 만나는 것을 피했어요.

_____.

❷ taking · is · the subway · faster · in the morning

아침에는 지하철을 타는 것이 더 빨라요.

_____.

예문 영작하기
SENTENCE WRITING

Hint 단어들을 이용해서 영작하세요.

❶ 저는 그를 설득하는 걸 포기했어요. `persuade`

❷ 그녀의 직업은 가난한 사람들을 도와주는 것입니다. `help` · `the poor`

❸ 저는 혼자 영화 보는 것을 좋아해요. `movies` · `alone`

❹ 저는 사람들 앞에서 영어를 말하는 게 두려워요. `be scared of` · `in front of`

❺ 책을 많이 읽는 것은 아이들에게 매우 중요해요. `many books` · `for`

❻ 사람들을 돕는 건 저를 행복하게 만들어요. `make` · `feel happy`

Teacher's Tips

주어 자리에 놓인 동명사 구문의 처리

영어는 주어 자리에 놓인 동명사 구문을 3인칭 단수로 취급합니다. 따라서 뒤에 오는 동사 역시 그에 맞춰 변해야 합니다. 특히 현재시제일 때는 동사에 -(e)s를 붙여야 하지요.

- Smoking is not allowed here. 여기서는 흡연이 금지되어 있습니다.
- Experiencing many things is necessary for teenagers.
  많은 것을 경험하는 게 십대들에게 필요해요.
- Listening to music when you are in bed keeps you from getting deep sleep. 잘 때 음악을 듣는 것은 당신이 깊은 잠에 들지 못하게 합니다.
- Doing nothing is being idle. 아무것도 안 하는 건 게으르다는 겁니다.

대화하며 말하기
CONVERSATION SPEAKING

힌트 단어를 이용해서 문장을 말해 보세요.

❶ Ⓐ 창문을 닫아도 될까요? `Would you mind`

　 Ⓑ No, of course not. 네, 그러세요.

❷ Ⓐ What did you do last weekend? 지난 주말에 뭐했어요?

　 Ⓑ 친구들을 만났어요. 저는 친구들과 어울려 노는 것을 좋아해요.
　　 `hang out with`

확장하며 쓰기
WRITING TRAINING

아래 단어들을 활용해서 호텔 예약과 아르바이트 경험 단락을 쓰세요.

호텔 예약　저는 한국에 사는 엘라입니다.
저는 여름 휴가로 발리에 가는 걸 고려하고 있어요. 그래서 귀하의 호텔 패키지에 관심이 있습니다.

_____
_____
_____
_____

아르바이트 경험　저는 지난 방학 때 도서관에서 아르바이트를 했어요.
제 업무는 책들을 장르 별로 정리하는 거였습니다.

_____
_____
_____
_____

🔌 (전화상으로) 저는 ~입니다 **This is**　고려하다 **consider**　여름 휴가로 **for summer vacation**　관심이 있다 **be interested in**　호텔 패키지 **hotel package**　아르바이트 하다 **do a part-time job**　업무 **work**　정리하다 **arrange**　장르 별로 **by genre**

unit 1 동명사 (1)　93

unit 2   동명사 (2)

이번 과에서는 목적어로 동명사와 to부정사 둘 다 취하는 동사를 학습합니다. 회화와 영작에 많이 쓰이므로 반드시 꼭 암기해 두세요.

❶ 동명사든 to부정사든 의미 차이가 거의 없는 경우

- like ~을 좋아하다
- love ~을 아주 좋아하다
- hate ~을 싫어하다
- dislike ~을 좋아하지 않다
- start ~을 시작하다
- begin ~을 시작하다
- prefer ~을 더 좋아하다
- continue ~을 계속하다

She **began crying [to cry]**. 그녀는 울기 시작했어요.
He wants to **continue working [to work]** for this company.
그는 이 회사에서 계속 일하기를 원해요.

I **prefer buying [to buy]** things at the shop.
저는 그 가게에서 물건 사는 것을 더 좋아해요.

❷ 동명사를 취하느냐 to부정사를 취하느냐에 따라 의미 차이가 나는 경우

	동명사	to부정사
remember	(과거에) ~한 것을 기억하다	(미래에) ~할 것을 기억하다
forget	(과거에) ~한 것을 잊다	(미래에) ~할 것을 잊다
regret	(과거에) ~한 것을 후회하다	(미래에) ~할 것을 유감스러워 하다

I **remember studying** with you. 저는 당신과 공부한 것을 기억하고 있어요.
I **remember to study** with you. 저는 당신과 (미래에) 공부할 것을 기억하고 있어요.
I **regret telling** him my secret. 저는 그에게 제 비밀을 얘기한 것을 후회해요.

의미 차이가 나는 경우의 동사들 사용이 헷갈려요. 문장 시제가 미래면 부정사, 과거면 동명사로 이해하면 될까요?

아니요, 이건 시제로 판단할 게 아니라 의미 파악을 잘 해야 합니다. <remember+to부정사>는 '(아직은 안 했지만) 앞으로 할 것들을 기억한다'는 의미입니다. <remember+동명사>는 과거에 이미 한 행동들을 기억할 때 사용하시면 되고요. 다른 동사도 마찬가지예요. 예를 들어, '난 너에게 거짓말한 걸 잊어 버렸어.'는 어떻게 표현하면 좋을까요? 그렇죠. 이미 거짓말을 해버린 것이니까 동명사로 연결해서 I forgot telling a lie to you.로 써야 합니다.

WARMING UP

괄호 안 동사를 의미에 맞게 형태를 바꾸어 빈칸에 쓰세요.

❶ 저는 취업 후에도 계속 영어 공부를 하고 싶어요. **(study)**

I want to continue _____ / _____ English after getting a job.

❷ 저희 아버지는 일찍 일어나는 것을 싫어해요. **(wake up)**

My father hates _____ / _____ early.

❸ 그녀는 자기 친구들과 함께 공부하는 것을 선호합니다. **(study)**

She prefers _____ / _____ with her friends.

❹ 저는 매일 아침 베이글과 커피 마시는 것이 좋아요. **(have)**

I like _____ / _____ bagels and coffee every morning.

❺ 그는 그 사진을 페이스 북에 올리는 것을 잊었어요. **(post)**

He forgot _____ the picture on Facebook.

❻ 전 오늘 진료를 받아야 하는 걸 기억하고 있어요. **(see a doctor)**

I remember _____ today.

❼ 그녀는 이직한 것을 후회해요. **(change jobs)**

She regrets _____.

❽ Peter는 저와 함께 일한 것을 기억하고 있어요. **(work)**

Peter remembers _____ with me.

SENTENCE ORDER TRAINING

단어를 정확하게 배열해서 문장을 완성하세요.

❶ hate • I • swimming • in the sea 저는 바다에서 수영하는 것을 싫어해요.

_____.

❷ don't • to • me • call • forget 나에게 전화하는 것 잊지 마세요.

_____.

예문 영작하기
SENTENCE WRITING

Hint 단어들을 이용해서 영작하세요.

① 나 그 사람이랑 얘기하는 것 별로야. `talk to`

② 죄송해요. 제가 어제 당신께 그 파일을 보낸다는 것을 잊었어요. `send`

③ 전 어제부터 운동을 시작했어요. `work out`

④ 유감스럽게도 그분께서는 돌아가셨습니다. `regret` · `pass away`

⑤ 전 그에게 편지를 쓴 것을 후회해요. `write`

⑥ 전 그에게 편지를 쓰지 않은 것을 후회해요. `not`

> **Teacher's Tips**
>
> **동명사의 부정**
> 동명사의 부정은 동명사 앞에 not이나 never를 쓰면 됩니다.
> - I am ashamed of **not** doing my best. 전 최선을 다하지 않은 것이 부끄럽습니다.
> - My mother scolded me for **not** getting up early.
>   엄마는 일찍 일어나지 않는다고 저를 혼냈어요.
> - My mother doesn't scold me for **not** getting up early.
>   엄마는 일찍 일어나지 않는다고 저를 혼내지는 않아요.

대화하며 말하기
CONVERSATION SPEAKING

힌트 단어를 이용해서 문장을 말해 보세요.

❶ Ⓐ You should do your homework. 너 숙제 해야 한다.
　Ⓑ 저 숙제 할 것 기억하고 있어요. 걱정하지 마세요.
　　`do one's homework`

❷ Ⓐ I called you yesterday. Why was your line busy?
　　어제 너한테 전화했어. 왜 통화 중이었니?
　Ⓑ 내가 엄마네 가게에서 엄마를 도와드리기 시작했거든.
　　그래서 요즘 내가 바빠. `help` · `these days`

확장하며 쓰기
WRITING TRAINING

아래 단어들을 활용해서 호텔 예약과 아르바이트 경험 단락을 쓰세요.

호텔 예약　저는 한국에 사는 엘라입니다. 저는 여름 휴가로 발리에 가는 걸 고려하고 있어요. 그래서 귀하의 호텔 패키지에 관심이 있습니다. 우리 아이들이 수영하는 것을 좋아하기 때문에 전 큰 수영장이 있는 호텔에서 묵는 걸 선호해요. 큰 수영장이 있나요?

아르바이트 경험　저는 지난 방학 때 도서관에서 아르바이트를 했어요. 제 업무는 책들을 장르 별로 정리하는 거였습니다. 저는 물건들을 정리하는 걸 좋아하기 때문에 행복했어요. 하지만 2주 후에 저는 도서관에서 일하기로 결정한 것을 후회했어요. 왜냐하면 책들이 너무 무거워서 저를 금방 지치게 만들었거든요.

~하기 때문에 **since**　묵다 **stay**　수영장 **swimming pool**　정리하다 **arrange/organize**　(문장 앞에서) 하지만 **however**　~하기로 결정하다 **decide to+동사원형**　너무 ~해서 …하다 **so+형용사/부사+(that)+주어+동사**　A가 ~하게 만들다 **make A+형용사**　금방, 쉽게 **easily**　지친 **exhausted**

unit 3 동명사 (3)

회화와 영작에서는 동명사를 활용한 숙어들을 참 많이 씁니다. 확실하게 자기 것으로 만들어 놓으면 문장 만들기에 아주 유용합니다.

	필수 숙어	뜻
1	It is no use -ing	~해도 소용 없다
2	be busy -ing	~하느라 바쁘다
3	be worth -ing	~할 가치가 있다
4	cannot help -ing	~하지 않을 수 없다
5	forgive A for -ing	A가 …한 것을 용서하다
6	have trouble -ing	~하는 데 문제가 있다
7	be accustomed to -ing	~하는 데 익숙해지다
8	feel like -ing	~하고 싶다
9	look forward to -ing	~을 학수고대하다
10	be in the habit of -ing = have a habit of -ing	~하는 버릇이 있다
11	prevent A from -ing	A가 ~하지 못하게 하다
12	succeed in -ing	~하는 데 성공하다
13	be ashamed of -ing	~을 부끄럽게 여기다
14	be proud of -ing	~을 자랑스러워하다
15	thank A for -ing	A가 ~한 것을 고마워하다

The song **is worth listening to**. 그 노래는 들을 만한 가치가 있어요.
Please **forgive** me **for telling** a lie. 제가 거짓말한 걸 용서해 주세요.
It is no use classifying those files 파일들을 분류해도 소용 없어요.

숙어를 암기하는 게 중요하다고 하는데 숙어를 잘 암기하는 팁이 있을까요? 외운 것 같은데도 조금만 시간이 지나면 기억이 안 나요.

네, 숙어를 외울 때 잘 암기되는 꿀팁을 몇 개 드릴게요. 숙어를 암기할 때의 포인트는 동사입니다. 동사가 be동사인지 일반동사인지 파악해서 암기해야 하죠. 보면 동사가 없는 숙어들이 종종 있어요. 예를 들어 out of order(고장 난)처럼 동사가 없는 숙어를 본다면 앞에 be동사가 있다고 생각하고 암기하면 됩니다. 즉, be out of order(고장 나다)로 암기하면 문장에 활용하기가 더 좋아요. 다음에는 전치사를 기억하려고 노력하세요. 그런데 이것만으로는 조금 부족해요. 교재에 있는 문제를 열심히 영작하고 자신의 상황에 맞게 한 줄씩 문장을 만들고 큰소리로 읽어 보면 완벽하게 암기가 됩니다. 보장할 수 있어요. 정말 암기가 잘 됩니다!

WARMING UP

우리말 문장과 맞게 빈칸에 맞는 표현을 쓰세요.

❶ 저희 엄마는 스마트폰을 사용하는 데 어려움이 있어요. **(trouble)**

My mother _____ using a smartphone.

❷ 제 남자친구는 일하느라 바빠요.

My boyfriend is _____ working.

❸ 저는 여행을 가고 싶어요. **(feel)**

I _____ traveling.

❹ 그녀는 오전 수업을 듣는 것에 익숙해졌어요.

She is _____ to taking the morning class.

❺ 한국은 방문할 가치가 있어요.

Korea is _____ visiting.

❻ 너는 아침에 커피 마시는 습관이 있니? **(habit)**

Are you _____ drinking coffee in the morning?

❼ 저는 제 친구를 미워하지 않을 수가 없어요. **(cannot)**

I _____ hating my friend.

❽ 우리는 당신을 만날 것을 학수고대하고 있어요. **(forward)**

We _____ meeting you.

SENTENCE ORDER TRAINING

단어를 정확하게 배열해서 문장을 완성하세요.

❶ in · I · succeeded · the file · downloading

저는 그 파일을 다운로드 하는 데 성공했어요.

_____ .

❷ busy · is · doing · his math homework · he   그는 수학 숙제 하느라 바빠요.

_____ .

예문 영작하기
SENTENCE WRITING

Hint 단어들을 이용해서 영작하세요.

❶ 저는 밤에 공부하는 버릇이 있어요. `at night`

❷ 모든 지식은 습득할 만한 가치가 있죠. `knowledge` · `have`

❸ 그를 잡으려고 노력해도 소용 없어요. `catch`

❹ 폭우는 우리가 소풍을 못 가게 했어요. `heavy rain` · `go on a picnic`

❺ 저희 사장님께서는 Harry를 만나기를 기대하고 계세요. `meet`

❻ 저희 사장님께서는 당신이 Harry를 만나기를 기대하고 계세요. `your`

Teacher's Tips

동명사의 의미상 주어

동명사의 의미상 주어는 원칙적으로 동명사 앞에 소유격을 쓰지만 소유격 외에 목적격을 쓰기도 합니다.

- My mother is proud of **speaking** English fluently.
  엄마는 영어를 유창하게 하는 것을 자랑스러워하세요. (엄마가 스스로를 자랑스러워 하는 것)

- My mother is proud of **my brother's [my brother] speaking** English fluently. 엄마는 제 동생이 영어를 유창하게 하는 것을 자랑스러워하세요.

대화하며 말하기
CONVERSATION SPEAKING

힌트 단어를 이용해서 문장을 말해 보세요.

❶ A Do you smoke after lunch? 점심 먹고서 담배 피워요?
B 저는 점심 식사 후에 담배를 피우는 안 좋은 버릇이 있어요. `habit`

❷ A Did you apply for the position again? 그 자리에 또 지원했어요?
B 네, 내 생각에 그 회사는 일할 만한 가치가 있어요. `work for`

확장하며 쓰기
WRITING TRAINING

아래 단어들을 활용해서 호텔 예약과 아르바이트 경험 단락을 쓰세요.

호텔 예약 저는 한국에 사는 엘라입니다. 저는 여름 휴가로 발리에 가는 걸 고려하고 있어요. 그래서 귀하의 호텔 패키지에 관심이 있습니다. 우리 아이들이 수영하는 것을 좋아하기 때문에 전 큰 수영장이 있는 호텔에서 묵는 걸 선호해요. 큰 수영장이 있나요? 또 작년에 해외에 갔을 때 인터넷을 사용하기 어려웠거든요. 그래서 호텔에서 인터넷을 쉽게 쓸 수 있는지 알고 싶어요. 답장 기다리겠습니다.

_____
_____
_____
_____

아르바이트 경험 저는 지난 방학 때 도서관에서 아르바이트를 했어요. 제 업무는 책들을 장르 별로 정리하는 거였습니다. 저는 물건들을 정리하는 걸 좋아하기 때문에 행복했어요. 하지만 2주 후에 저는 도서관에서 일하기로 결정한 것을 후회했어요. 왜냐하면 책들이 너무 무거워서 저를 금방 지치게 만들었거든요. 저는 힘들었지만 많은 것을 배웠어요. 지금은 책들을 소중히 여기고 책을 잘 정리하는 습관을 갖게 됐어요.

_____
_____
_____
_____

해외에 가다 **go overseas**　　인터넷을 사용하다 **use the Internet**　　~하고 싶다 **would like to+동사원형**
~인지 아닌지 **if**　　답장 **reply**　　힘든 **tired**　　배우다 **learn**　　~을 소중히 여기다 **treasure**

예약하기

- I have a reservation under the name, Mr. Lee. 저는 Mr. Lee 이름으로 예약을 해 놓았어요.
- I need to reserve another room. 방을 하나 더 예약해야 하는데요.
- I need a room for two nights. 저는 2박할 방이 필요해요.
- I need a room for two adults and one child. 저는 성인 2명과 어린이 1명이 쓸 방이 필요해요.
- Do you have any available single rooms? 싱글룸이 있나요?

체크인

- I would like to check-in please. 체크인 하려고요.
- My reservation number is RE123345. 제 예약 번호는 RE123345입니다.
- Could you bring my luggage up to the room? 제 짐을 방에 올려 주시겠어요?

서비스

- I would like a wakeup call. 모닝콜을 주시면 좋겠습니다.
- This is room 501. Could you send up some extra towels?
  여기 501호인데요. 타월 좀 더 올려 보내 주시겠어요?
- What time can I have breakfast? 조식은 몇 시에 먹을 수 있나요?
- The air-conditioner is out of order. 에어컨이 고장 났어요.
- Is there any free of charge facility? 무료로 이용할 수 있는 시설이 있나요?

체크아웃

- Could you keep my luggage until 9 o'clock? 제 짐을 9시까지 맡아 주시겠어요?
- Can I ask for a late check-out? 체크아웃 시간을 늦출 수 있나요?

Infinitive+
English Speaking & Writing

Chapter 6
부정사

- 부정사 용법 (1)
- 부정사 용법 (2)
- 부정사 용법 (3)

흔히 to부정사라고 하는 부정사가 없는 영어 문장 쓰기가 가능할까요?
아뇨, 그건 상상도 할 수 없는 일입니다. 부정사는 회화에서나 작문에서 그 쓰임새가 정말 무궁무진하기 때문입니다.

단적으로 '많은 일' 같은 표현은 간단하게 a lot of work로 표현할 수 있습니다. 그렇지만 '내일까지 끝내야 할 많은 일'은 어떻게 표현할까요? 이런 경우에 부정사를 쓰는 거랍니다. 바로 a lot of work to finish by tomorrow처럼 말이지요.
동명사처럼 부정사에도 동사가 들어가기 때문에 의미상의 주어를 취할 수 있고, 목적어도 취할 수 있고, 부사의 수식을 받을 수 있다는 것 기억하세요. 이것만 기억하면 어렵게만 보이던 부정사 문장 쓰기, 반은 끝난 거예요.

unit 1 부정사 (1)

부정사는 [to+동사원형]의 모습으로 다양한 역할을 합니다. 즉, 문장에서 명사, 형용사, 부사의 역할을 담당하지요. 이번 과에서는 부정사가 명사 역할을 하는 것을 공부합니다.

명사 역할

명사는 문장에서 주어, 목적어, 보어 자리에 놓이죠? 부정사 역시 문장에서 주어, 보어, 그리고 동사의 목적어 자리에 놓일 수 있습니다.

❶ 주어 자리에 위치

To go to a multiplex is fun. 복합상영관에 가는 건 재미있어요.
= It is fun **to go to a multiplex**.

*원어민들은 부정사를 주어 자리에 놓는 걸 좋아하지 않습니다. 그래서 부정사 자리에 아무 의미 없는 it을 쓰고 부정사를 문장 뒤로 보내 버립니다.

❷ 보어 자리에 위치 (주어=보어)

My pleasure is **to go on a trip**. 내 즐거움은 여행을 하는 거예요.

❸ 동사의 목적어 자리에 위치

I want **to buy a new laptop**. 나는 새 노트북을 사고 싶어요. (want의 목적어)

뒤에 부정사가 목적어로 나와야 하는 동사(구)

- **plan** ~을 계획하다 • **expect** ~을 기대하다, 예상하다 • **want** ~을 하고 싶어 하다
- **hope** ~을 희망하다 • **wish** ~을 바라다 • **would like** ~하고 싶다
- **decide** (=make a decision) ~을 결정하다
- **make up one's mind** ~하기로 마음을 정하다 • **hesitate** ~을 주저하다
- **promise** ~을 약속하다 • **pretend** ~인 척을 하다
---

❹ 의문사+to부정사

영어 문장에서 〈의문사+부정사〉 형태를 많이 봤을 거예요. 주로 동사의 목적어로 많이 쓰이고요, 주의할 것은 의문사 why는 이 〈의문사+부정사〉 형태로 쓰이지 않습니다.

I don't know **what to do**. 나는 무엇을 해야 할지 모르겠어.

They asked me **how to handle stress**.
그들은 나에게 스트레스에 대처하는 방법을 물었어요.

Tell me **when to call you**. 너에게 언제 전화해야 할지 말해 줘.

I can't decide **who to marry, Jane or Esther**.
난 Jane과 Esther 중에서 누구랑 결혼할지 결정을 못하겠어.

My mother wants to know **where to go**.
저희 어머니는 어디로 갈지 알고 싶어 하세요.

워밍업 / WARMING UP

우리말 문장과 맞게 주어진 단어의 알맞은 형태를 빈칸에 쓰세요.

1. 저는 어떻게 감사를 표현해야 할지 몰랐어요. **(express)**

   I didn't know _____ my gratitude.

2. 그녀는 애완동물을 키울 거라고는 예상하지 못했어요. **(raise)**

   She didn't expect _____ pets.

3. 그는 언제 시작해야 할지 알고 싶어 합니다. **(start)**

   He wants to know when _____.

4. 제 계획은 올해 영어를 유창하게 하는 사람이 되는 겁니다. **(become)**

   My plan is _____ a fluent English speaker this year.

5. 나는 누구에게 조언을 부탁해야 할지 알고 있어요. **(ask)**

   I know who _____ for advice.

6. 이 문제를 푸는 건 어려워요. **(solve)**

   It is difficult _____ this problem.

7. 저는 언제 어디서 건강 검진을 받는지 몰랐어요. **(get)**

   I didn't know when and where _____ a regular medical check-up.

8. 그녀는 똑똑한 척을 합니다. **(be)**

   She pretends _____ smart.

어순 훈련 / SENTENCE ORDER TRAINING

단어를 정확하게 배열해서 문장을 완성하세요.

1. she • see • to • hopes • you. 그녀가 너를 만나기를 소망하더라고.

   _____.

2. I • how • don't know • persuade • to • her
   난 그녀를 어떻게 설득해야 할지 모르겠어.

   _____.

예문 영작하기
SENTENCE WRITING

Hint 단어들을 이용해서 영작하세요.

① 제가 가장 좋아하는 취미는 우리 가족을 위해서 요리하는 거에요. `favorite` · `cook`

② 전 이렇게 성공할 거라고 기대하지 않았어요. `succeed` · `so well`

③ 돈을 버는 건 쉽지가 않아요. `it` · `make`

④ 교통 신호등은 우리에게 언제 길을 건너야 할지 알려 줘요. `traffic light` · `cross`

⑤ 저는 그와 헤어지기로 결심했어요. `decide` · `break up with`

⑥ 저는 그와 헤어지지 않기로 마음 먹었어요. `make up one's mind`

Teacher's Tips

부정사의 부정

부정사를 부정할 때는 not을 부정사 바로 앞에 쓰면 됩니다. 영작과 스피킹에서 많이 사용하는 표현이니 꼭 알아두세요.

- He pretended **not** to see her. 그는 그녀를 못 본 체 했어요.
- I tried **not** to be late. 저는 지각하지 않으려고 노력했어요.
- We decided **not** to go on a trip. 우리는 여행을 가지 않기로 결심했어요.

대화하며 말하기
CONVERSATION SPEAKING

힌트 단어를 이용해서 문장을 말해 보세요.

❶ **A** Why do you study hard these days? 요즘 왜 그렇게 공부를 열심히 해?
　B 내가 공부 열심히 하기로 우리 엄마랑 약속했거든. `promise`

❷ **A** What's your goal? 네 목표가 뭐니?
　B 제 목표는 올해 5kg을 빼는 거예요. `lose`

확장하며 쓰기
WRITING TRAINING

아래 단어들을 활용해서 물건 교환하기와 안부 묻기 단락을 쓰세요.

물건 교환하기
저는 귀사의 사이트에서 셔츠를 하나 주문했고 어제 그걸 받았습니다.
하지만 제가 주문한 걸 교환하고 싶어요.

_____
_____
_____
_____

안부 묻기
잘 지내시죠?
요즘 감기가 유행입니다.

_____
_____
_____
_____

주문하다 **order** ～의 사이트에서 **on one's site** 받다 **receive** 하지만 **however** 교환하다 **exchange**
잘 지내시죠 **How have you been?** 감기 **a cold** 유행인 **going around**

unit 2 부정사 (2)

이번 과에서는 부정사가 형용사와 부사 역할을 하는 것을 공부합니다.

형용사 역할

형용사는 명사를 꾸며 주거나 명사의 상태를 설명하죠? 부정사 역시 명사 뒤에 놓여 앞의 명사를 꾸며 주는 역할을 합니다.

I have good news **to share**. 함께 나눌 좋은 소식이 있어요.
He has many books **to read** this week. 그는 이번 주에 읽을 책들이 많이 있어요.
There is nothing **to eat**. 먹을 게 아무것도 없어요.
*I have a house **to live** in. 저는 살 집이 있어요.
*There is a chair **to sit** on. 앉을 의자가 있어요.
*Do you have a true friend **to turn** to? 너는 의지할 만한 진정한 친구가 있니?

*live in(~에 살다), sit on(~ 위에 앉다)처럼 [동사+전치사]로 이루어진 동사구의 경우 부정사로 쓸 때도 전치사를 빠뜨리지 않도록 주의해야 합니다.

부사 역할

부사는 동사, 형용사, 다른 부사나 문장 전체를 꾸며 주는 역할을 합니다. 부정사도 똑같습니다. 다만 부정사가 부사 역할을 할 때는 '목적, 결과, 이유'의 의미를 나타내는 경우가 많지요.

She wears glasses **to look intelligent**. 그녀는 똑똑해 보이려고 안경을 써요. (목적)
My brother awoke **to find himself in a strange place**.
내 남동생은 깨어나서 자기가 낯선 곳에 있다는 것을 알게 되었어요. (결과)
I was very happy **to taste this food**. 전 이 음식을 맛보게 돼서 아주 좋았어요. (이유)

어떻게 하면 a house to live in (살 집) 같은 표현에서 전치사를 안 빼고 쓸 수 있을까요?

기본적으로 숙어에는 전치사가 들어가는 경우가 많고, 의미상 꼭 전치사와 함께 쓰여야 하는 동사들이 있으니까 그런 동사들을 공부할 때 전치사까지 같이 알아두면 좋아요. 예를 들어 talk는 '이야기하다'이지만 실제로는 talk with나 talk to(~와 얘기하다)로 많이 쓰이지 단독으로는 안 쓰이거든요. 그러면 '얘기할 친구'는 a friend to talk to라고 to를 써야 한다는 걸 바로 이해할 수 있을 거예요. 더 나아가 '저는 얘기할 친구가 있어요.'는 I have a friend to talk to.가 되는 것이지요. 이런 식으로 하다 보면 어렵지 않게 활용할 수 있을 겁니다.

워밍업 / WARMING UP

우리말 문장과 맞게 주어진 단어의 알맞은 형태를 빈칸에 쓰고 부정사의 역할을 쓰세요.

① 나는 유럽 여행을 하기 위해 돈을 모았어요. **(take)**

I saved money _____ a trip to Europe. (   )

② 당신이 커피를 살 차례예요. **(buy)**

It is your turn _____ coffee. (   )

③ 저는 살을 빼려고 저녁을 먹지 않아요. **(lose)**

I don't eat dinner _____ weight. (   )

④ 저는 달성해야 할 계획이 많아요. **(achieve)**

I have many plans _____. (   )

⑤ 많은 학생들이 시험에 합격하기 위해 열심히 공부해요. **(pass)**

Many students study hard _____ the exam. (   )

⑥ 우리는 우리를 도와줄 선생님이 필요해요. **(help)**

We need a teacher _____ us. (   )

⑦ 저는 시험에 떨어지지 않으려고 열심히 공부했어요. **(fail)**

I studied hard not _____ the test. (   )

⑧ 그는 제출해야 할 보고서가 있었어요. **(hand)**

He had the report _____ in. (   )

어순훈련 / SENTENCE ORDER TRAINING

단어를 정확하게 배열해서 문장을 완성하세요.

① he · to · the door · get · opened · some fresh air

그는 신선한 공기를 쐬려고 문을 열었어요.

_____.

② here · am · to · I · give a presentation   전 프레젠테이션을 하러 여기에 왔습니다.

_____.

예문 영작하기
SENTENCE WRITING

Hint 단어들을 이용해서 영작하세요.

❶ 저는 운동할 힘이 없어요. `energy` • `work out`

❷ 인터뷰를 보게 돼서 영광입니다. `honored` • `have`

❸ 저는 약속에 늦지 않으려고 집에서 일찍 떠났어요. `leave` • `appointment`

❹ 난 내 점수를 보고 충격을 받았어요. `shocked` • `score`

❺ 저는 제 미래에 대해서 얘기할 친구들이 많이 있어요. `talk to` • `future`

❻ 그는 부모님과 함께 거주할 아파트를 찾고 있어요. `look for` • `live in`

Teacher's Tips

부정사 + 전치사 + 전치사 + 명사 형태

전치사가 연달아 나와 틀렸다고 생각할 수도 있어요. 하지만 [to+동사원형+전치사]로 이루어진 동사구 뒤에 내용에 따라 전치사가 추가로 나올 수 있습니다. 예문을 보면서 확인하세요.

- I have a teacher **to depend on in** America. 저는 미국에 의지할 선생님이 한 분 계세요.
  (on은 depend와 연결되고(~에 의지하다) in은 America(미국에)와 이어짐)
- She has a pen **to write with in** her car. 그녀는 자기 차 안에 쓸 펜이 있어요.
  (with은 write와 연결되고(~으로 쓰다) in은 her car(자기 차 안에)와 이어짐)
- Do you have any friends **to play with in** Japan? 너는 일본에 함께 놀 친구들이 있니?
  (with는 play와 연결되고(~와 놀다) in은 Japan(일본에)과 이어짐)

대화하며 말하기
CONVERSATION SPEAKING
힌트 단어를 이용해서 문장을 말해 보세요.

❶ **A** Do you have something to tell me? 나한테 말할 것 있어요?
   B 너한테 얘기할 특별한 게 없어. `nothing special`

❷ **A** Will you attend his wedding? 그의 결혼식에 참석할 거예요?
   B 유감스럽게도 저는 그의 결혼식에 참석할 수 없어요. `sorry` · `say`

확장하며 쓰기
WRITING TRAINING
아래 단어들을 활용해서 물건 교환하기와 안부 묻기 단락을 쓰세요.

물건 교환하기
저는 귀사의 사이트에서 **우리 언니에게 줄** 셔츠를 하나 주문했고 어제 그걸 받았습니다. **처음에는 그 셔츠를 보고 기뻤어요. 색깔이 예뻤거든요.** 하지만 제가 주문한 걸 교환하고 싶어요.

_____
_____
_____
_____

안부 묻기
잘 지내시죠?
당신과 당신 가족의 안부를 묻기 위해 이 이메일을 씁니다.
당신이 할 일이 많아서 바쁘다고 들었어요.
요즘 감기가 유행입니다.
감기 걸리지 않게 조심하세요.

_____
_____
_____
_____

~에게 주다 **give to**　　처음에는 **at first**　　예쁜 **pretty**　　이메일을 쓰다 **write an email**　　~에게 안부를 묻다 **send one's regards to**　　~라고 듣다 **hear**　　많은 **a lot of**　　조심하다 **be careful**　　감기에 걸리다 **catch a cold**

unit 3 부정사 (3)

이번 유닛에서는 앞서 배운 부정사 외에 회화와 영작에서 자주 쓰이는, 그래서 정말 중요한 표현들을 공부하겠습니다. 이건 꼭 외워 주세요.

부정사의 기타 쓰임

❶ too ~ to … 용법   too+형용사/부사+to+동사원형: 너무 ~해서 …할 수 없는
= so+형용사/부사+that+주어+can't+동사원형

- She is **too** busy **to attend** the meeting.
  = She is **so** busy **that she can't attend** the meeting.
  그녀는 너무 바빠서 회의에 참석할 수가 없어요.

- I was **too** tired **to study** English yesterday.
  = I was **so** tired **that I couldn't study** English yesterday.
  저는 너무 피곤해서 어제 영어 공부를 할 수가 없었어요.

- Jane is **too** young **to see** that movie. Jane은 너무 어려서 그 영화를 볼 수 없어요.
  = Jane is **so** young **that she can't see** that movie.

❷ enough to … 용법   형용사/부사+enough+to+동사원형: ~할 정도로 충분히 …한
이때 enough의 위치에 주의하세요. 반드시 형용사와 부사 뒤에 놓입니다.
He is **kind enough to help** me. 그는 나를 도와줄 만큼 친절해요.
She is **smart enough to change** jobs. 그녀는 이직할 만큼 똑똑하죠.
I was not **mature enough to understand** him.
저는 그를 이해할 만큼 성숙하지 못했어요.

독립부정사

- strange to say: 이상한 이야기지만
- to be frank with you: 솔직히 말하면
- to begin with: 우선, 먼저
- to make a long story short: 요약하자면
- to tell the truth: 사실대로 말하면

독립부정사가 뭐예요? 그냥 숙어처럼 암기하면 되나요?

독립부정사라고 하니까 뭔가 대단해 보이죠? 독립부정사는 부정사(to+동사원형)가 가지는 관용구문이라고 생각하시면 됩니다. 부정사 구문인데 따로 독립해서 쓸 수 있다는 거죠. 문장의 앞뒤에 많이 쓰이지만 문장 중간에 오기도 하고요. 중요한 건 정확히 암기하는 겁니다.

WARMING UP

우리말 문장과 맞게 주어진 단어의 알맞은 형태를 빈칸에 쓰세요.

① 그는 너무 졸려서 눈을 뜰 수가 없었어요.

He was _____ sleepy _____ open his eyes.

② 솔직히 말하면 나는 최선을 다하지 않았어요. **(tell)**

_____, I didn't do my best.

③ 그녀는 너무 바빠서 전화를 받을 수가 없어요.

She is _____ busy _____ she _____ answer the phone.

④ 우선 저는 그 수업을 좋아하지 않아요. **(begin)**

_____, I don't like the class.

⑤ 저도 운전할 만큼 나이를 먹었어요.

I'm old _____ drive a car.

⑥ 솔직히 말하면 저는 영어로 발표를 할 수 없었어요. **(frank)**

_____, I couldn't give a presentation in English.

⑦ 저희 언니는 너무 말라서 그 치마를 입을 수가 없어요.

My sister is _____ thin _____ she _____ wear the skirt.

⑧ 요약하자면 그 이야기는 사실이 아니에요. **(make/short)**

_____, the story is not true.

SENTENCE ORDER TRAINING

단어를 정확하게 배열해서 문장을 완성하세요.

① he • sick • was • too • go to work • to   그는 너무 아파서 출근할 수 없었어요.

_____.

② she • hard • enough • to • an A • studied • get
그녀는 A학점을 받을 만큼 열심히 공부했어요.

_____.

예문 영작하기
SENTENCE WRITING

Hint 단어들을 이용해서 영작하세요.

❶ 저희 엄마는 너무 약하셔서 이 가방을 들 수가 없어요. `weak` · `lift`

❷ 제가 그렇게 생각할 정도로 어리석었어요. `foolish`

❸ 사실대로 말하면 나는 그 일에 대해 들어본 적이 없어요. `hear of`

❹ Tom은 그 문제를 풀 만큼 똑똑하지 않아요. `smart` · `solve`

❺ 그 가방은 너무 비싸서 그가 살 수 없어요. `expensive` · `buy`

❻ 그 수업은 너무 어려워서 제 여자친구가 들을 수가 없어요. `difficult` · `take`

Teacher's Tips

부정사의 의미상 주어

부정사의 행위자가 문장의 주어와 달라서 밝혀 줘야 할 경우가 있어요. 그때는 보통 부정사 앞에 [for+목적격]으로 의미상의 주어를 나타냅니다.

- It's important **for him to speak** English fluently. 그가 영어를 유창하게 하는 것이 중요해요.
- Her story is too difficult **for me to understand**.
  그녀의 이야기는 너무 어려워서 제가 이해할 수가 없어요.

대화하며 말하기
CONVERSATION SPEAKING

힌트 단어를 이용해서 문장을 말해 보세요.

❶ A: Did you buy the skirt? 너 그 치마 샀니?
　 B: 아니, 안 샀어. 그 치마가 너무 짧아서 내가 입을 수가 없었어.
　　　short · wear

❷ A: Did your sister get married? 너희 언니 결혼했니?
　 B: 우리 언니 결혼할 정도로 나이 안 먹었어. (=결혼할 나이가 아니야). old

확장하며 쓰기
WRITING TRAINING

아래 단어들을 활용해서 물건 교환하기와 안부 묻기 단락을 쓰세요.

물건 교환하기
저는 귀사의 사이트에서 우리 언니에게 줄 셔츠를 하나 주문했고 어제 그걸 받았습니다. 처음에는 그 셔츠를 보고 기뻤어요. 색깔이 예뻤거든요. 하지만 제가 주문한 걸 교환하고 싶어요. 그 셔츠가 너무 작아서 언니가 입을 수 없거든요. 더 큰 사이즈로 교환하고 싶어요.

안부 묻기
잘 지내시죠? 당신과 당신 가족의 안부를 묻기 위해 이 이메일을 씁니다. 당신이 할 일이 많아서 바쁘다고 들었어요. 작년에 그 프로젝트가 너무 어려워서 저희 팀원들도 쉽게 마칠 수가 없었어요. 하지만 당신은 그 프로젝트를 마칠 만큼 경력이 있으니까 할 수 있을 거예요. 요즘 감기가 유행입니다. 감기 걸리지 않게 조심하세요.

~을 더 큰 사이즈로 교환하다 **exchange ~ for a bigger size**　　어려운, 힘든 **hard**　　팀원 **team member**　　마치다, 끝내다 **finish**　　쉽게 **easily**　　~할 수 있을 것이다 **will be able to + 동사원형**　　경력이 있는 **experienced**

기계류 문제

- I can't turn off the computer. 제 컴퓨터를 끌 수가 없어요.
- I can't install the program. 제가 프로그램을 설치할 수가 없어요.
- This copier seems to be out of order. 이 복사기 고장 난 것 같아요.
- There is a paper jam. 종이가 걸렸어요.

기계류 문제 설명 패턴

- **There is something wrong with + 물건**: ~에 이상이 있다
  → There is something wrong with my cellphone. 제 휴대폰에 이상이 있어요.
- **I have trouble/difficulty -ing**: ~하는 데 어려움이 있다
  → I have trouble talking to my friend on the phone. 제가 친구랑 전화 통화하는 데 어려움이 있어요.
- **I have a problem -ing**: ~하는 데 문제가 있다
  → I have a problem using a program. 프로그램을 사용하는 데 어려움이 있어요.

휴대전화 · 컴퓨터 관련 표현

- **vibrate mode** 진동모드
- **silent mode** 무음모드
- **computer-illiterate** 컴맹
- **get on the Internet** 인터넷에 들어가다
- **download** 다운로드 하다
- **click the icon** 아이콘을 클릭하다
- **text message** 문자 메시지
- **caller ID service** 발신자 표시 서비스
- **charge** 충전하다

알아두면 뽐낼 수 있는
기계류 관련
유용한 표현들

Relative Pronoun+
English Speaking & Writing

Chapter 7

관계대명사

| 관계사 (1) | 관계사 (2) | 관계사 (3) |

짧은 문장이 강렬한 메시지를 나타낼 때 좋기는 합니다. 하지만 원어민들이 긴 문장을 줄줄 말할 때 '나는 언제 저렇게 말할 수 있을까?' 부럽기도 하고 그렇죠? 문장을 길게 말할 수 있다는 건 여러 문장을 이어 말할 수 있다는 것을 말합니다.

예를 들어, '난 친구들이 많이 있어. (I have many friends.)'보다는 '난 날 사랑해 주는 친구들이 많이 있어. (I have many friends who love me.)'라고 하면 더 풍부한 의미를 전달해 줄 수 있습니다.

이렇게 간단한 문장 뒤에 내가 묘사하고 싶은 것을 길게 말할 때 필요한 것이 바로 관계대명사 입니다.

사실 문장을 말하다 보면 관계대명사를 쓰지 않는 경우가 거의 없을 정도로 많이 쓰입니다.

관계대명사를 자유자재로 쓰기 위해서는 많은 문장을 만들고 큰 소리로 말해 보는 연습이 필요합니다. 교재에 나온 예문들을 영작하여 연습하다 보면 어느 순간 길게 말하고 있는 자신의 모습에 영어 공부가 더 재밌어질 겁니다.

unit 1 관계대명사 (1)

관계대명사는 유치원생이 만든 것 같은 문장을 어른스러운 느낌이 나도록 바꿔 주는 문법입니다. 즉, 짧은 문장들을 모두 연결해서 한 문장으로 만들어 주는 거죠. 이렇게 한 문장으로 만들기 위해서는 짧은 문장들 속에 있는 공통된 주인공인 명사를 찾아야 합니다.

예를 들어, I know a woman.(난 한 여자를 알아요.)+She has long hair.(그녀는 머리가 길죠.) 이 문장에서 공통된 명사는 바로 [한 여자 a woman=she]입니다. 이렇게 공통된 명사를 선행사라고 합니다. 이렇게 선행사가 사람이면 관계대명사 who를, 선행사가 사물이나 동물이면 관계대명사 which를 연결해서 명사 뒤에 꾸며 주는 문장을 쓰면 됩니다.

그래서 위의 문장을 바꿔 보면 [I know a woman who has long hair.=나는 머리가 긴 한 여자를 알아요.]라는 간단하고 명확한 문장이 되죠.

문장 내 위치에 따른 관계대명사의 격

관계대명사는 꾸며 주는 문장 안에서 주어 자리에 놓이느냐, 목적어 자리에 놓이느냐, 소유격 자리에 놓이느냐에 따라 형태가 조금씩 바뀝니다. 참고로 목적격 관계사 whom과 which는 생략하고 쓰이기도 합니다.

	선행사가 사람	선행사가 사물
꾸며 주는 문장에서 주어 자리(주격 관계사)	who	which
꾸며 주는 문장에서 목적어 자리(목적격 관계사)	who(m)	which
꾸며 주는 문장에서 소유격 자리(소유격 관계사)	whose	whose (=of which)

❶ 주격

I met the woman. + She helped me last month.
나는 그 여자를 만났어요. + 그녀는 지난달에 나를 도와줬어요.

→ I met the woman who helped me last month. (주격 관계대명사+동사)
나는 지난달에 나를 도와준 그 여자를 만났어요.

❷ 목적격

He is my teacher. + I respect him. 그 분은 제 선생님이세요. + 저는 그 분을 존경해요.

→ He is my teacher who I respect. (목적격 관계대명사+주어+동사)
그 분은 제가 존경하는 제 선생님이세요.

*목적격 관계대명사일 때 whom보다는 거의 who를 쓰는 추세예요.

❸ 소유격

She is washing her cat. + Its name is Nana.
그녀는 자기 고양이를 씻기고 있어요. + 그것의 이름은 나나예요.

→ She is washing her cat whose name is Nana. (소유격 관계대명사+명사+동사)
그녀는 이름이 나나인 자기 고양이를 씻기고 있어요.

WARMING UP

우리말 문장과 영어 문장을 보고 빈칸에 적절한 관계대명사를 쓰세요.

❶ 그녀는 한 남자를 만났어요. + 그는 매우 잘 생겼었어요.
She met a guy. + He was very handsome.
그녀는 [매우 잘생긴] 한 남자를 만났어요.
→ She met a guy [_____ was very handsome].

❷ 우리는 한 소녀를 알아요. + 그녀의 아빠는 가수예요.
We know a girl. + Her father is a singer.
우리는 [아빠가 가수인] 한 소녀를 알아요.
→ We know a girl [_____ father is a singer].

❸ 너는 그 남자를 만난 적이 있니? + 그녀가 그를 좋아해.
Have you ever met the man? + She likes him.
너는 [그녀가 좋아하는] 그 남자를 만난 적이 있니?
→ Have you ever met the man [_____ she likes]?

❹ 이것은 그 건물입니다. + 그들이 그것을 지었어요.
This is the building. + They built it.
이것은 [그들이 지었던] 그 건물입니다.
→ This is the building [_____ they built].

❺ 그녀는 그 소년을 좋아합니다. + 그의 이름은 Jeff입니다.
She likes the boy. + His name is Jeff.
그녀는 [이름이 Jeff인] 그 소년을 좋아합니다.
→ She likes the boy [_____ name is Jeff].

❻ 난 Tom과 점심을 먹었어요. + 내 친구는 그를 좋아하지 않아요.
I had lunch with Tom. + My friend doesn't like him.
난 [내 친구가 좋아하지 않는] Tom과 점심을 먹었어요.
→ I had lunch with Tom [_____ my friend doesn't like].

❼ 그는 꽃집에서 장미들을 살 거예요. + 그의 친구가 그것을(꽃가게를) 운영해요.
He will buy the roses in the flower shop. + His friend runs it.
그는 [자기 친구가 운영하는] 그 꽃집에서 장미들을 살 거예요.
→ He will buy the roses in the flower shop [_____ his friend runs].

어순 훈련
SENTENCE ORDER TRAINING

단어를 정확하게 배열해서 문장을 완성하세요.

1 I • yesterday • which • a brand-new • this • bought • is • cellphone
이게 내가 어제 산 최신 휴대폰이에요.

_____.

2 the teacher • ask • in the classroom • is teaching English • let's • who
교실에서 영어를 가르치고 있는 그 선생님께 여쭤 보자.

_____.

3 she • help • who • many friends • her • has
그녀는 자기를 도와주는 친구들이 많이 있어요.

_____.

4 he • the man • respect • I • whose opinion • is
그는 내가 의견을 존중하는 사람이에요.

_____.

5 the river • more • apartment buildings • overlook • expensive • which • are
강이 내다보이는 아파트 건물들이 더 비싸요.

_____.

6 the man • is • my friend • loved • now • who • a famous singer
내 친구가 사랑했던 그 남자는 이제 유명한 가수예요.

_____.

7 we • the dishwasher • last week • which • works • bought • well
우리가 지난주에 샀던 식기세척기는 작동이 잘 돼요.

_____.

8 doesn't • lives • the man • know • he • who • next door
그는 옆집에 사는 그 남자를 몰라요.

_____.

대화하며 말하기
CONVERSATION SPEAKING

힌트 단어를 이용해서 문장을 말해 보세요.

❶ **A** 너 저기 서 있는 남자 알아? `stand over there`
   B He is my older brother. 그 사람 우리 오빠야.

❷ **A** What kind of book will you buy? 넌 어떤 종류의 책을 살 거야?
   B 난 날 웃게 만드는 책을 살 거야. `make me laugh`

확장하며 쓰기
WRITING TRAINING

아래 단어들을 활용해서 이상형 말하기와 영어 공부 목적 말하기 단락을 쓰세요.

이상형 말하기
저는 전 남자친구와 2년 전에 헤어졌어요. 남자친구가 있으면 좋겠어요.
웃기고 장난기 있는 남자를 원해요.

_____
_____
_____
_____

영어 공부 목적 말하기
제게는 영어를 유창하게 하는 친구들이 많이 있어요.
저는 그들과 일주일에 세 번 영어 공부를 합니다.

_____
_____
_____
_____

~와 헤어지다 **break up with**   전 남자친구 **ex-boyfriend**   2년 전에 **two years ago**
장난기 있는 **playful**   유창하게 말하다 **speak fluently**   일주일에 세 번 **three times a week**

unit 2 관계대명사 (2)

WARMING UP

다음 문장을 보고 관계대명사로 시작하는 문장을 빈칸에 쓰세요.

❶ 그녀는 방들을 좋아해요. + 그 방의 벽들은 초록색이에요.
She likes rooms. + Their walls are green.
그녀는 [벽들이 초록색인] 방들을 좋아해요.
→ She likes rooms [_____].

❷ 아빠가 나에게 자전거를 한 대 사 주셨어요. + 그것은 매우 튼튼해요.
My father bought me a bicycle. + It is very strong.
아빠가 나에게 [매우 튼튼한] 자전거를 한 대 사 주셨어요.
→ My father bought me a bicycle [_____].

❸ 나는 그 식당을 좋아해요. + 우리 선생님이 그것을 추천했어요.
I like the restaurant. + My teacher recommended it.
나는 [우리 선생님이 추천한] 그 식당을 좋아해요.
→ I like the restaurant [_____].

❹ 나는 한 여자와 얘기를 했어요. + 그녀는 2년 전에 부산에 살았어요.
I talked to a woman. + She lived in Busan two years ago.
나는 [2년 전에 부산에 살았던] 한 여자와 얘기를 했어요.
→ I talked to a woman [_____].

❺ 그가 그 남자예요 + 그의 차를 도둑 맞았어요.
He is the man. + His car was stolen.
그가 [차를 도둑 맞았던] 그 남자예요.
→ He is the man [_____].

❻ 너는 그 보고서를 가져가야 해. + 그것은 책상 위에 있어.
You should take the report + It is on the desk.
너는 [책상 위에 있는] 그 보고서를 가져가야 해.
→ You should take the report [_____].

❼ 그는 영어 선생님이에요. + 나는 정말로 그 분을 좋아해요.
He is an English teacher. + I really like him.
그는 [내가 정말로 좋아하는] 영어 선생님이에요.
→ He is an English teacher [_____].

❽ 나는 그 시계를 골랐어요. + 나는 그 전날 그것을 봤었어요.

I chose the watch + I had seen it the day before.

나는 [그 전날 내가 봤었던] 그 시계를 골랐어요.

→ I chose the watch [_____].

어순 훈련 SENTENCE ORDER TRAINING

단어를 정확하게 배열해서 문장을 완성하세요.

❶ know · I · who · a teacher · is · America · from
나는 [미국 출신인] 한 선생님을 알아요.
_____.

❷ that · broke · the window · is · Jack · which · yesterday
그것은 [Jack이 어제 깨뜨린] 창문이에요.
_____.

❸ which · the food · is · my mother · delicious · makes
[저희 엄마가 만드시는] 그 음식은 맛있어요.
_____.

❹ my boss · talked · is · the man · to · who · you
[너랑 얘기했던] 그 남자는 우리 사장님이야.
_____.

❺ bought · which · she · smelled · me · flowers · good
그녀는 [좋은 냄새가 나는] 꽃을 저에게 사 줬어요.
_____.

예문 영작하기
SENTENCE WRITING

Hint 단어들을 이용해서 영작하세요.

❶ 영어는 [제가 좋아하는] 과목입니다. `subject`

❷ 저는 [ABC 회사에서 일하는] 친구들이 많이 있어요. `work for`

❸ 저희 언니는 [부모님이 좋아하는] 남자랑 데이트 하고 싶어해요. `date`

❹ 그는 [아빠가 수학 선생님인] 자기 친구와 공부를 합니다. `whose`

❺ 그는 [내가 존경하는] 유일한 사람이야. `only` • `that`

❻ 이것은 [우리 선생님이 구입한 것과] 똑 같은 책입니다. `the same`

Teacher's Tips

무적파워 관계대명사 that

that은 관계대명사로도 쓰이는데, 이때 선행사를 가리지 않고 주격과 목적격에 모두 사용 가능합니다.
- I bought a dog **that** has curly hair. 나는 곱슬곱슬한 털을 가진 강아지를 한 마리 샀어요.
- I have met a person **that** likes cold weather.
  나는 추운 날씨를 좋아하는 사람을 만난 적이 있어요.

선행사에 the only, the very, the same, all, no, every, any, 최상급이 있으면 that만 사용해야 합니다.
- I spent all the money **that** I had. 나는 내가 가지고 있던 모든 돈을 써 버렸어요.
- This is the only book **that** I bought. 이것은 내가 구입한 유일한 책이에요.

대화하며 말하기
CONVERSATION SPEAKING

힌트 단어를 이용해서 문장을 말해 보세요.

❶ **A** What did you have for dinner yesterday? 너는 어제 저녁으로 뭐 먹었니?
　B 전 엄마가 만드신 불고기를 먹었어요.

❷ **A** Is Scott your class president? Scott이 너희 반 반장이니?
　B 응. 그는 수학 문제 푸는 것을 실패한 적이 없는 똑똑한 애야.
　　smart · have never failed to

확장하며 쓰기
WRITING TRAINING

아래 단어들을 활용해서 이상형 말하기와 영어 공부 목적 말하기 단락을 쓰세요.

이상형 말하기　저는 전 남자친구와 2년 전에 헤어졌어요. 남자친구가 있으면 좋겠어요. 웃기고 장난기 있는 남자를 원해요. 저는 저와 취미를 공유할 수 있는 남자친구를 사귀고 싶어요. 저는 모든 것에 최선을 다하는 남자를 좋아합니다. 그래서 그로부터 많은 것을 배우고 싶어요.

_____
_____
_____
_____

영어 공부 목적 말하기　제게는 영어를 유창하게 하는 친구들이 많이 있어요. 저는 그들과 일주일에 세 번 영어 공부를 합니다. 저는 직장을 구하고 있습니다. 기업들은 영어를 유창하게 하는 사람들을 찾고 있어요. 그래서 저도 영어로 업무를 할 수 있는 사람이 되고 싶습니다.

_____
_____
_____
_____

공유하다 **share**　최선을 다하다 **do one's best**　배우다 **learn**　~을 찾다, 구하다 **look for**　영어로 업무를 하다 **work in English**

unit 3 관계대명사 (3)

이번에 배울 관계대명사는 what입니다. '무엇'의 의미로 쓰이던 what이 문장에서 관계대명사로 쓰이는데, 앞에서 배운 관계대명사 who, whom, which, whose, that과는 다른 점이 있어요. 무엇이 다른지 알아볼까요?

관계대명사 What

❶ 선행사를 따로 쓰지 않는다.

우리가 배운 관계대명사는 앞에 꾸며 주는 선행사가 있었지만 what은 그 안에 선행사가 포함되어 있어요. 즉, the thing which [that] ~가 간단하게 what이 된 것으로 보면 됩니다. 해석은 '~하는 것'으로 합니다.

What I said was not trivial. [내가 말한 것은] 사소한 게 아니었어요.
= The thing that I said was not trivial.

❷ 문장에서 주어·목적어·보어 자리에 위치한다.

관계대명사 what이 들어간 절은 명사절로 전체 문장에서 주어, 목적어, 보어 자리에 놓일 수 있습니다.

What I want is to get an A on the exam.
= The thing that I want is to get an A on the exam.
내가 원하는 것은 시험에서 A를 받는 거예요. (동사 is의 주어)

I can't believe what you told me.
= I can't believe the thing that you told me.
나는 네가 나에게 말한 것을 믿을 수가 없어. (타동사 believe의 목적어)

He is ashamed of what I did.
= He is ashamed of the thing that I did.
그는 내가 했던 것을 부끄러워 해요. (전치사 of의 목적어)

This is what I want to buy.
= This is the thing that I want to buy.
이게 내가 사고 싶은 거예요. (동사 is의 보어)

막상 사용하려고 하니까 what을 언제 써야 할지 모르겠어요. what이랑 who / which 를 잘 구별해서 쓸 수 있는 방법이 있나요?

일단 선행사가 있다면 what은 쓸 수 없어요. 명사인 선행사가 있다면 그게 사람인지 사물인지에 따라서 who/which 혹은 that을 써야 해요. 예를 들어 '네가 가지고 있는 돈을 보여 줘.'라는 문장을 만들 때는 '돈'이라는 선행사가 있으므로 what은 쓸 수가 없어요. Show me the money which [that] you have.가 되죠. 하지만 '네가 가지고 있는 것을 보여 줘.'라고 하면 선행사인 명사를 찾을 수 없죠? 이럴 때 what을 써서 Show me what you have.가 되는 거예요. 앞으로 문장을 만들면서 연습하다 보면 더 잘 활용할 수 있을 거예요.

WARMING UP

주어진 단어를 활용해 빈칸에 맞는 표현을 쓰세요

① 너는 네가 좋아하는 것을 할 수 있어. (like)

You can do _____.

② 그게 내가 생각하는 것이에요. (think)

That is _____.

③ 내가 경험한 것들이 내 삶을 바꿨어요. (experience)

_____ changed my life.

④ 나는 네가 지난 여름에 한 것을 알고 있다니까. (do)

I know _____ last summer.

⑤ 지난밤에 당신이 만든 것을 보여 줘요. (make)

Please show me _____ last night.

⑥ 우리가 필요로 하는 것은 사랑입니다. (need)

_____ is love.

⑦ 그것이 나를 울게 만들었던 거야. (make me cry)

That is _____.

⑧ 내가 어제 구입한 것은 매우 비싸. (buy)

_____ yesterday is very expensive.

SENTENCE ORDER TRAINING

단어를 정확하게 배열해서 문장을 완성하세요.

① is • Jeff • what • said • wrong   Jeff가 말한 것은 틀렸어요.

_____.

② said • I • what • can't • my teacher • understand
나는 선생님께서 말씀하신 것을 이해할 수가 없어요.

_____.

예문 영작하기
SENTENCE WRITING

Hint 단어들을 이용해서 영작하세요.

❶ 저는 제가 지난주에 했던 것을 후회해요. regret

❷ 그는 그가 좋아하는 것을 하고 싶어 해요. want to

❸ 난 아빠가 내게 원하는 것을 알고 있어요. want · from me

❹ 내가 기대했던 것은 너의 도움이었어. expect

❺ 그는 나를 도와주지 않아요. 게다가 내가 원하는 것은 신경도 안 써요.
what's more · care about

❻ 그는 소위 말해서 가수예요. what is called

> **Teacher's Tips**
>
> **관계대명사 관용 표현**
> - **what's more** 게다가
>   It's raining, and **what's more**, the wind is blowing. 비가 내려. 게다가 바람도 불고 있어.
> - **what's called** 소위
>   This is **what's called** a house. 이게 소위 집이라고 하는 거야.
> - **what's worse** 설상가상으로
>   He didn't apologize, and **what's worse**, he got angry.
>   그는 사과하지 않았고 설상가상으로 화를 냈어요.

대화하며 말하기
CONVERSATION SPEAKING

힌트 단어를 이용해서 문장을 말해 보세요.

❶ **A** Please give me the book in your right hand. 네 오른손에 있는 책 좀 줘 봐.
   B 내 오른손에 있는 건 내 일기야. 너에게 이건 줄 수 없어.
   `diary` · `give ~ to`

❷ **A** You seem to have many worries on your mind. 너 걱정이 많아 보여.
   B 난 내가 잘하는 것을 모르겠어. 그래서 내 미래가 걱정돼.

확장하며 쓰기
WRITING TRAINING

아래 단어들을 활용해서 이상형 말하기와 영어 공부 목적 말하기 단락을 쓰세요.

이상형 말하기 저는 전 남자친구와 2년 전에 헤어졌어요. 남자친구가 있으면 좋겠어요. 웃기고 장난기 있는 남자를 원해요. 저는 저와 취미를 공유할 수 있는 남자친구를 사귀고 싶어요. 저는 모든 것에 최선을 다하는 남자를 좋아합니다. 그래서 그로부터 많은 것을 배우고 싶어요. 외모는 중요하지 않아요. 제가 원하는 것은 좋은 성격과 태도입니다. 다른 건 아무것도 바라지 않아요.

영어 공부 목적 말하기 제게는 영어를 유창하게 하는 친구들이 많이 있어요. 저는 그들과 일주일에 세 번 영어 공부를 합니다. 제가 원하는 것은 외국인들과 의사소통을 하는 것이에요. 저는 직장을 구하고 있습니다. 기업들은 영어를 유창하게 하는 사람들을 찾고 있어요. 그래서 저도 영어로 업무를 할 수 있는 사람이 되고 싶습니다. 해외 출장도 가고 싶어요.

외모 **looks**   성격 **personality**   태도 **attitude**   다른 아무것도 ~ 않는 **nothing else**   의사소통하다 **have a conversation with**   출장 가다 **go on a business trip**   해외로 **overseas**

날짜 표현

- **March 5, 2015** 또는 **03/05/2015** 2015년 3월 5일

날씨 관련 표현

- **clear, sunny** 맑은
- **rainy** 비 오는
- **chilly** 쌀쌀한
- **windy** 바람 부는
- **cloudy** 흐린, 구름 낀
- **snowy** 눈 오는
- **humid** 습한
- **erratic** 변덕스러운

계절 관련 표현

- **a gentle spring day** 화창한 봄 날씨
- **cherry blossom** 벚꽃
- **rainy season** 장마철
- **fan** 선풍기
- **fine autumn weather** 맑은 가을 날씨
- **fallen leaves** 낙엽
- **a snowball fight** 눈싸움
- **the first snow of the year** 첫눈
- **spring frost** 꽃샘 추위
- **sultry** 후덥지근한
- **air conditioner** 에어컨
- **have a good appetite** 식욕이 좋다
- **bitterly cold weather** 너무 추운 추위

감정 관련 표현

- **angry** 화가 난
- **shocked** 충격을 받은
- **frustrated** 좌절한
- **relaxed** 마음이 편안한
- **pleased** 기쁜
- **disappointed** 실망한
- **happy** 행복한
- **surprised** 놀란
- **devastated** 엄청 큰 충격을 받은
- **refreshed** 기분 전환이 된
- **irritated/annoyed** 짜증이 난
- **depressed** 우울한
- **proud** 자랑스러운
- **sad** 슬픈

알아두면 뽐낼 수 있는
영어 일기 쓸 때
유용한 표현

Comparative+
English Speaking & Writing

Chapter

비교급

| 원급(=동등비교) | 비교급 | 최상급 |

영어에서 비교는 더하고 덜한 것뿐만 아니라 서로 비슷한 것을 비교하는 것까지도 포함합니다. 또 '00가 제일 ~해'같은 표현도 영어에서는 최상급이라 하여 비교에 포함시킵니다. 이 비교급의 핵심이 되는 품사가 뭔지 아세요? 바로 형용사와 부사랍니다. 이게 없다면 비교급 자체가 존재하지 않습니다.

다른 부분과 마찬가지로 정확한 개념 정립과 연습이 필요한 부분입니다. 하나하나 차례대로 외워야 할 건 확실하게 외워 가면서 문장을 만들다 보면 비교 표현도 아주 세련되게 할 수 있을 거예요.

unit 1　원급(=동등비교)

형용사나 부사의 원래 모습을 활용해 성질이나 정도가 비슷함을 비교하는 걸 동등비교라고 합니다. 이번 과에서는 이런 비슷한 성질을 비교하는 동등비교에 대해 공부합니다. 이 동등비교는 형용사나 부사에 아무것도 붙지 않은 원급을 활용합니다.

원급 표현

❶ as 형용사/부사 as

~만큼 …한, ~만큼 …하게
형용사, 부사는 아무것도 붙지 않은 원형의 형태입니다.
Jeff is **as** old **as** Alex (is). Jeff는 Alex만큼 나이가 많아요.
Jane is **as** clever **as** me (=I am). Jane은 나만큼 똑똑해요.
My father is **as** busy **as** a bee. 우리 아빠는 아주 바빠요.
as busy as a bee: (벌처럼) 굉장히 바쁜

❷ not as 형용사/부사 as

~만큼 …하지 않은
Today is **not as** cold **as** yesterday. 오늘은 어제만큼 춥지 않네요.
My father can**not** run **as** fast **as** my mother.
우리 아빠는 엄마만큼 빨리 달릴 수 없어요.
Her first job was **not as** successful **as** the second one.
그녀의 첫 직장은 두 번째 직장만큼 성공적이지 않았어요.

❸ as+부사+as possible
　= as+부사+as+주어
　**　+can[could]**

가능한 한 ~하게
He finished his homework **as soon as possible**.
= He finished his homework **as soon as he could**.
그는 숙제를 가능한 한 빨리 끝냈어요.

My sister ran **as fast as possible**.
= My sister ran **as fast as she could**. 우리 언니는 가능한 한 빨리 달렸어요.

She talked to him **as much as possible**.
= She talked to him **as much as she could**.
그녀는 그에게 가능한 한 말을 많이 걸었어요.

표현 중에 My father is as busy as a bee.가 있는데, 원급을 사물에 비유한 표현이 많나요?

네, as ~ as 표현 중에는 비유적으로 쓰이는 것들이 많아요. 외워서 회화에 적용하면 기억에 오래 남을 거예요. 대표적인 건 다음과 같아요.
- as poor as a church mouse 교회 쥐만큼 가난한　• as graceful as a swan 백조처럼 우아한
- as weak as a kitten 새끼 고양이만큼 연약한　• as sly as a fox 여우만큼 교활한
- as hard as iron 쇠만큼 단단한

하지만 실제로 해석할 때는 앞의 '~만큼'은 빼버리고 '매우 ~한'으로 하는 게 자연스러워요.
- He was as poor as a church mouse. 그는 매우 가난했어요.
- The baby was as weak as a kitten. 그 아기는 매우 연약했어요.

WARMING UP

우리말 문장과 맞게 주어진 단어의 알맞은 형태를 빈칸에 쓰세요.

1. 내 동생은 나만큼 욕심이 많아요. **(greedy)**

   My brother is as _____ as me (=I am).

2. 우리 선생님은 우리 엄마만큼 친절하세요.

   My teacher is _____ kind _____ my mother.

3. 내 남자친구는 나만큼 소심하지 않아요. **(timid)**

   My boyfriend is not as _____ as me (=I am).

4. 이 문제는 네가 생각하는 것만큼 어렵지 않아.

   This problem is _____ _____ difficult _____ you think.

5. 저는 가능한 한 빨리 거기 가고 싶어요. **(quickly)**

   I want to go there as _____ as _____ .

6. 저는 가능한 한 자주 먹어요. **(often)**

   I eat as _____ as _____ .

7. 가능한 한 팔을 높이 뻗으세요. **(high)**

   Stretch your arms as _____ as possible.

8. 이 휴대폰은 내가 예상했던 것만큼 작네요. **(expect)**

   This cellphone is as small as _____ .

SENTENCE ORDER TRAINING

단어를 정확하게 배열해서 문장을 완성하세요.

1. he • attractive • as • a movie star • as • is   그는 영화배우만큼 매력적이에요.

   _____.

2. should • you • study • possible • as • hard • as
   너는 가능한 한 열심히 공부해야 해.

   _____.

예문 영작하기
SENTENCE WRITING

Hint 단어들을 이용해서 영작하세요.

❶ 그는 나를 우리 엄마만큼 많이 사랑해요. `as much as`

❷ 나는 보이는 것만큼 예민하지 않아요. `sensitive` · `look`

❸ 그는 가능한 한 크게 소리 지르려고 노력했어요. `shout` · `loud`

❹ 그녀는 가능한 한 빨리 자기 딸을 보고 싶어 했어요. `as fast as`

❺ Alex의 아빠는 Alex보다 키가 두 배는 커요. `twice`

❻ 그의 집은 우리 집의 세 배나 넓어요. `three times`

Teacher's Tips

배수를 나타낼 때

'몇 배'라고 하는 배수사는 '배수+as+원급+as'로 나타낼 수 있습니다. 원급 외에 비교급 형태로도 나타낼 수 있는데, 이때는 '배수+비교급'으로 해석은 '~보다 몇 배 더 …한'으로 합니다.

- His bag is **three times** as expensive as hers. 그의 가방은 그녀의 가방보다 세 배는 비싸요.
  = His bag is **three times** more expensive than hers.
- This book is **three times** as heavy as that book. 이 책은 저 책보다 세 배는 무거워요.
  = This book is **three times** heavier than that book.

대화하며 말하기
CONVERSATION SPEAKING
괄호 안 힌트 단어를 이용해서 문장을 말해 보세요.

❶ **A** Does James practice the piano hard? James는 피아노를 열심히 연습하니?
　B 그 애는 자기 파트너만큼 열심히 연습하지는 않아요. `partner`

❷ **A** Was the bag expensive? 그 가방 비쌌어?
　B 아니, 그건 네가 말한 것만큼 비싸지 않았어. `you said`

확장하며 쓰기
WRITING TRAINING
아래 단어들을 활용해서 첫 영어 수업과 휴대폰 교환하기 단락을 쓰세요.

`첫 영어 수업` 저는 친구가 제게 추천해 준 영어 수업에 등록을 했어요.
교실에는 학생들이 많이 있었는데 그들이 저만큼 나이가 많지 않더라고요.

_____
_____
_____
_____

`휴대폰 교환하기` 저는 어제 휴대폰을 구입했어요.
그게 예전 것만큼 가볍고 얇아서 저는 그게 마음에 들었어요.

_____
_____
_____
_____

~에 등록하다 **sign up for**　　추천하다 **recommend**　　가벼운 **light**　　얇은 **slim**　　예전 것 **previous one**

unit 2 비교급

비교 대상이 정도의 차이가 있을 때 '~보다 …한'의 의미로 [비교급+than]을 사용합니다. 비교를 할 때는 비교 대상이 같아야 하고, 대상의 격도 일치해야 합니다. 즉, 사람은 사람끼리 사물은 사물끼리 비교해야 하는 거죠.

비교급

❶ 비교급 만들기

형용사/부사+-er+than+비교 대상
Jane is prettier than Amy. Jane이 Amy보다 더 예뻐요.
Sujin is thinner than my sister. 수진이는 우리 언니보다 날씬해요.
My girlfriend is younger than me. 내 여자친구는 나보다 어려요.

❷ 비교급 만들기

more+형용사/부사의 원급+than+비교 대상
She was more beautiful than I expected.
그녀는 내가 예상했던 것보다 훨씬 아름다웠어요.
Smokie is more famous in Korea than in U.S.
스모키는 미국보다 한국에서 더 유명합니다.
*자세한 비교급·최상급 만들기는 옆 페이지의 표를 참고해 주세요.

❸ The 비교급, the 비교급

~하면 할수록 더 …하다
The more you deny the fact, the more stupid you look.
네가 그 사실을 부정하면 할수록 더 어리석어 보여.
The more you copy, the less you will learn.
네가 (남의 것을) 더 많이 베낄수록 더 적게 배우게 될 거야.

비교급을 '형용사/부사+-er' 또는 'more+형용사/부사 원급'으로 쓰는 건 알겠어요. 그럼 better는 bett의 비교급인가요?

지금 말한 것은 형용사/부사의 규칙 변화에 해당합니다. 하지만 불규칙하게 변하는 형용사/부사들도 있는데 그게 바로 good, bad, many, much 등이랍니다. 이것은 그냥 외우는 수밖에 다른 방법이 없습니다.
good (좋은) - better (더 좋은) - best (가장 좋은)
bad (나쁜) - worse (더 나쁜) - worst (가장 나쁜)
many/much (많은) - more (더 많은) - most (가장 많은)
You look better than your picture. 당신은 사진보다 실물이 더 좋아 보여요.

규칙 변화

비교급/최상급 규칙	원급	의미	비교급	최상급
[기본 형태] 비교급: +-er 최상급: +-est	smart	똑똑한	smarter	smartest
	clever	영리한	cleverer	cleverest
	tall	키 큰	taller	tallest
	warm	따뜻한	warmer	warmest
[자음+-y]로 끝나는 단어: -y를 i로 바꾸고 +-er, -est	happy	행복한	happier	happiest
	easy	쉬운	easier	easiest
	early	일찍	earlier	earliest
	healthy	건강한	healthier	healthiest
-e로 끝나는 단어: +-r, -st	wise	현명한	wiser	wisest
	nice	좋은	nicer	nicest
	wide	넓은	wider	widest
	large	큰	larger	largest
[단모음+단자음]으로 끝나는 단어: 자음을 한 번 더 쓰고 +-er, -est	big	큰	bigger	biggest
	thin	얇은	thinner	thinnest
	sad	슬픈	sadder	saddest
	hot	뜨거운	hotter	hottest
-ful, -less, -ive, -ous 등으로 끝나는 2음절 단어 혹은 3음절 이상의 긴 단어: 단어 앞에 more, most	serious	심각한	more serious	most serious
	useless	쓸모 없는	more useless	most useless
	comfortable	편안한	more comfortable	most comfortable
	important	중요한	more important	most important
	interesting	재미있는	more interesting	most interesting
	expensive	비싼	more expensive	most expensive
	useful	유용한	more useful	most useful
	difficult	어려운	more difficult	most difficult

불규칙 변화

원급	의미	비교급	최상급
good	좋은	better	best
well	잘		
bad	나쁜	worse	worst
ill	아픈		
many	(수가) 많은	more	most
much	(양이) 많은		
little	적은	less	least
late	(시간이) 늦은	later	latest
late	(순서가) 늦은	latter	last
far	(거리가) 먼	farther	farthest
far	(정도가) 차이가 있는	further	furthest
*old	(가족 간에서) 나이가 많은	elder	eldest
*old	(일반적으로) 나이가 많은	older	oldest

*better와 best는 형용사 good과 부사 well의 비교급과 최상급이므로 문맥 안에서 의미를 파악해야 합니다.

*late(늦은, 늦게)-later(나중의, 나중에)-latest(최신의)는 '(시간이) 늦다'라는 의미에 따른 변화이고, late(늦게)-latter(후반부에)-last(마지막에)는 '(순서가) 늦다'라는 의미에 따른 변화입니다.

*far의 비교급과 최상급은 두 가지로 나누고 있지만 실질적으로 분리하여 쓰지는 않습니다. 즉, further/furthest만으로도 farther/farthest의 의미를 충분히 나타낼 수 있습니다.

*elder-eldest는 항상 명사 앞에서만 쓰입니다. 즉, He is elder than his sister.라는 문장은 없습니다.

워밍업 / WARMING UP

우리말 문장과 맞게 주어진 단어의 알맞은 형태를 빈칸에 쓰세요.

❶ Jack은 Jeff보다 더 너그러워요. (generous)

Jack is _____ than Jeff.

❷ 그 수업은 제가 생각했던 것보다 쉬웠어요. (easy)

The class was _____ than I thought.

❸ 전 일찍 일어나면 일어날수록 점점 더 피곤해집니다. (tired)

The _____ I get up, the _____ I am.

❹ 이 가방은 내가 예상했던 것보다 비싸더라고요. (expensive)

This bag is _____ than I expected.

❺ 그녀는 나보다 더 열정적이에요. (passionate)

She is _____ than me.

❻ 열심히 공부하면 할수록 저는 점점 더 헷갈려요. (confused)

The harder I study, the _____ I am.

❼ 그것에 대해서 더 생각할수록 그는 더 우울해졌어요. (depressed)

The more he thought about it, the _____ he became.

❽ 그는 우리 사장님보다 나이가 많아요. (old)

He is _____ than my boss.

어순훈련 / SENTENCE ORDER TRAINING

단어를 정확하게 배열해서 문장을 완성하세요.

❶ have • the more • we • the more • want • we

더 많이 가질수록 우리는 더 많은 것을 원하게 되죠.

_____.

❷ drives • my mother • more • my father • than • carefully

어머니는 아버지보다 운전을 더 조심스럽게 하세요.

_____.

예문 영작하기
SENTENCE WRITING

Hint 단어들을 이용해서 영작하세요.

❶ 그는 나보다 세 살 어려요. `young`

❷ 네가 더 많이 먹을수록 점점 더 뚱뚱해진다고. `fat`

❸ 내 컴퓨터가 네 것보다 더 빨라. `fast`

❹ 그를 만나면 만날수록 나는 그가 점점 더 좋아져요. `more`

❺ 그 프로젝트는 우리 사장님이 말했던 것보다 훨씬 어려워요. `much`

❻ 그녀가 우리 매니저보다 훨씬 어리죠. `much`

Teacher's Tips

비교급을 강조할 때
비교급 앞에 '훨씬'의 뜻을 가진 비교급 강조어구를 사용할 수 있습니다. 영어에서 비교급 강조어구로는 'even, much, far, a lot, still' 등이 있습니다.

- The world of the Internet is **much wider than** the real world.
  인터넷의 세계는 현실 세계보다 훨씬 더 넓어요.
- Math is **even easier than** English. 수학은 영어보다 훨씬 쉬워요.
- This brand is **far more popular than** that one.
  이 브랜드가 저 브랜드보다 훨씬 더 인기가 있어요.

대화하며 말하기
CONVERSATION SPEAKING

힌트 단어를 이용해서 문장을 말해 보세요.

❶ **A** Is your sister as tall as you? 너희 언니는 너만큼 키가 크니?
   B 언니가 나보다 훨씬 키가 크지. `much`

❷ **A** How did you lose weight? 너 어떻게 살을 뺀 거야?
   B 난 매일 운동해. 열심히 운동을 하면 할수록 내가 점점 날씬해지더라고. `work out` · `slimmer`

확장하며 쓰기
WRITING TRAINING

아래 단어들을 활용해서 첫 영어 수업과 휴대폰 교환하기 단락을 쓰세요.

첫 영어 수업 저는 친구가 제게 추천해 준 영어 수업에 등록을 했어요. 교실에는 학생들이 많이 있었는데 그들이 저만큼 나이가 많지 않더라고요. **다행히 수업은 친구가 언급한 것보다 어렵지는 않았어요. 수업 후에는 행복한 기분이 들더라고요. 공부를 할수록 더 많은 것을 배우게 되네요.**

_____
_____
_____
_____

휴대폰 교환하기 저는 어제 휴대폰을 구입했어요. **휴대폰은 제가 예상했던 것보다 비쌌지만 저는 그걸 사기로 결심했어요.** 그게 예전 것만큼 가볍고 얇아서 저는 그게 마음에 들었어요. **하지만 전 오늘 휴대폰에 뭔가 이상이 있다는 것을 발견했어요. 인터넷이 예전보다 더 느리더라고요.**

_____
_____
_____
_____

 다행히 **fortunately**　어려운 **hard**　언급하다 **mention**　행복한 기분이 들다 **feel happy**
예상하다 **expect out**　~하기로 결심하다 **decide to+동사원형**　하지만(문장 시작할 때) **however**　발견하다 **find out**　전보다 **than before**　느린 **slow**

unit 3 최상급

비교 대상들 중에서 '가장 ~ 한'의 의미를 나타낼 때 쓰는 것이 최상급입니다. 이번 과에서는 최고의 성질을 나타내는 최상급에 대해 공부합니다.

최상급 표현

최상급은 형용사/부사 뒤에 -est를 붙이거나 3음절 이상일 경우 형용사/부사 앞에 most를 붙여 사용합니다. 만드는 방법은 p. 137 규칙 변화 표를 참고해 주세요.

❶ the+최상급+ of+복수명사/ in+단수명사

~에서 가장 …한
원급, 비교급과 달리 최상급일 때는 앞에 the를 쓰는데, 참고로 부사의 최상급 앞에는 the를 쓰지 않습니다.
Esther is **the tallest** girl **of** all the girls. Esther는 여자아이들 중에서 가장 키가 커요.
China is **the largest** country **in** Asia. 중국은 아시아에서 가장 큰 나라죠.

❷ one of the+최상급 +복수명사

가장 ~한 것들 중 하나
He is **one of the most diligent** boys in his class.
그는 자기 반에서 가장 부지런한 소년 중의 한 명이에요.
Busan is **one of the most difficult** cities to drive in.
부산은 운전하기 가장 어려운 도시 중의 하나예요.

❸ 최상급+명사 +that+주어+have (ever)+p.p.

지금까지 ~한 중에서 가장 …한
This is **the most interesting** movie **that** I've **ever** seen.
이건 내가 지금까지 본 중에서 가장 재미있는 영화예요.
She is **the most beautiful** woman **that** I've **ever** dated.
그녀는 내가 지금까지 사귄 여자 중에서 가장 아름다운 여자예요.

위의 예문 This is the most interesting movie that I've ever seen. 문장에서 that은 관계대명사인가요? that 대신 which로 써도 되고 삭제가 가능한가요?

네! 질문한 문장에서의 that은 관계대명사가 맞아요. 원래 seen의 목적격으로 사용된 거고, 또 이럴 경우에는 생략해도 됩니다. 그렇다면 which로 바꿔 쓸 수 있을까요? 그건 아쉽게도 안 됩니다. 왜냐고요? 관계대명사 파트에서 배웠는데요, 선행사에 최상급이 올 때는 관계대명사를 that만 쓰기로 원어민들 사이에 약속이 되었거든요. 기억이 잘 안 나고 가물가물하면 관계대명사에서 that 부분을 복습하시는 걸 추천합니다~

WARMING UP

우리말 문장과 맞게 주어진 단어의 알맞은 형태를 빈칸에 쓰세요.

1. 그는 그때가 가장 행복했어요. (happy)

   He was _____ at that time.

2. 서울은 세계에서 가장 잘 알려진 수도 중의 하나예요. (well-known)

   Seoul is one of _____ capitals in the world.

3. 이것은 내가 지금까지 구입한 것 중에서 가장 비싼 시계예요. (expensive)

   This is _____ watch that I've ever bought.

4. 가장 중요한 것 중의 하나는 내가 원하는 것을 하는 것이죠. (important)

   One of _____ things is to do what I want.

5. 이것은 그가 읽은 책 중에서 가장 감동적인 소설이에요. (moving)

   This is _____ novel that he has ever read.

6. 그녀는 한국에서 가장 인기 있는 가수예요. (popular)

   She is _____ singer in Korea.

7. 그게 가장 소중한 건 아니에요. (valuable)

   It isn't _____ thing.

8. 이것이 이 도시에서 가장 높은 빌딩이에요. (tall)

   This is _____ building in the city.

SENTENCE ORDER TRAINING

단어를 정확하게 배열해서 문장을 완성하세요.

1. is • the • book • most • in the bookstore • this • expensive

   이게 서점에서 가장 비싼 책입니다.

   _____.

2. health • the • important • most • is • thing   건강이 가장 중요한 것입니다.

   _____.

예문 영작하기
SENTENCE WRITING

Hint 단어들을 이용해서 영작하세요.

❶ 그건 이 가게에서 가장 저렴한 드레스 중의 하나예요. cheap

❷ 내가 우리 반에서 가장 뚱뚱한 학생이에요. fat

❸ 그건 내가 지금까지 쳤던 시험 중에서 가장 어려웠어요. take

❹ 연습이 영어를 배울 때 가장 중요한 것입니다. in learning English

❺ 그녀는 절대로 거짓말을 할 사람이 아니에요. the last person

❻ 그 교실은 적어도 20개의 좌석이 있어요. at least

Teacher's Tips

최상급이 들어간 다양한 표현
- the last person/thing+to 부정사 결코 ~하지 않는 사람/것
- at last 마침내
- at (the) best 기껏해야
- at (the) most 많아야
- at (the) worst 최악의 경우에
- at (the) least 적어도

- She is **the last person to do** such a thing. 그녀는 절대 그런 일을 할 사람이 아니에요.
- **At last** we won the game. 마침내 우리가 이겼어요.
- **At best**, you will get a small raise. 기껏해야 월급이 조금 오를 겁니다.
- **At worst**, I have to quit my job. 최악의 경우에 나는 회사를 그만 두어야 합니다.

대화하며 말하기
CONVERSATION SPEAKING

힌트 단어를 이용해서 문장을 말해 보세요.

❶ **A** Why do you study alone? 왜 너는 혼자 공부하니?
   B 나는 혼자 있을 때가 가장 편해. `comfortable` · `when`

❷ **A** You look really nice with the skirt. 당신 그 치마가 정말 잘 어울려요.
   B 고마워요. 이게 지금까지 입어 본 중에 제일 긴 치마예요. `try on`

확장하며 쓰기
WRITING TRAINING

아래 단어들을 활용해서 첫 영어 수업과 휴대폰 교환하기 단락을 쓰세요.

첫 영어 수업
저는 친구가 제게 추천해 준 영어 수업에 등록을 했어요. 교실에는 학생들이 많이 있었는데 그들이 저만큼 나이가 많지 않더라고요. 제가 우리 반에서 가장 나이 많은 학생일 것 같아서 조금 신경이 쓰였어요. 다행히 수업은 친구가 언급한 것보다 어렵지는 않았어요. 수업 후에는 행복한 기분이 들더라고요. 공부를 할수록 더 많은 것을 배우게 되네요. 오늘이 제 인생에서 가장 행복한 날입니다.

휴대폰 교환하기
저는 어제 휴대폰을 구입했어요. 휴대폰은 제가 예상했던 것보다 비쌌어요. 그게 제가 지금까지 구입한 휴대폰 중에 가장 비쌌지만 저는 그걸 사기로 결심했어요. 그게 예전 것만큼 가볍고 얇아서 저는 그게 마음에 들었어요. 하지만 전 오늘 휴대폰에 뭔가 이상이 있다는 것을 발견했어요. 인터넷이 예전보다 더 느리더라고요. 가장 심각한 문제 중의 하나는 제가 이메일을 확인할 수 없다는 거예요. 저는 휴대폰을 교환하고 싶어요.

~일 것 같다 **I think ~**   신경이 쓰이는 **nervous**   심각한 **serious**   이메일을 확인하다 **check one's email**

전화 받기

- Hello, Esther speaking. 여보세요. 저 에스더예요.
- Hello, Park in Accounting speaking. 회계부의 박입니다.
- Good morning, Jane at the front desk speaking. 프론트 데스크의 Jane입니다.

부재중일 때

- I am sorry, but he is not in. 죄송하지만 안 계십니다.
- I am sorry, but my boss is on a business trip. 죄송합니다. 지금 저희 사장님이 출장 중이세요.
- I am sorry. My manger is away from his desk. 죄송합니다. 저희 부장님이 자리를 비우셨네요.
- He is out of the office. 그 분 지금 사무실에 안 계십니다.
- He is in the meeting. 그 분 지금 회의 중이십니다.
- May I ask your contact number, please? 연락처가 어떻게 되시죠?

메시지 남기기

- Would you ask him to call me back? 저에게 전화해 달라고 해주시겠어요?
- Please tell him that I will leave for Japan tomorrow. 그 분께 제가 내일 일본으로 떠난다고 전해 주세요.

전화 상태가 안 좋을 때

- I am sorry I think we have a bad connection. 죄송한데요. 연결 상태가 안 좋은 것 같습니다.
- I am sorry we got disconnected. 죄송한데, 통화가 끊겼던 것 같습니다.
- I think there is too much static. 잡음이 너무 많은 것 같아요.
- My battery is running out. 제 배터리가 다 되어 가네요.
- Do you want me to call you back? 제가 다시 전화 드릴까요?

기타

- Excuse me, but will you speak a little slower? 죄송하지만 조금만 더 천천히 말해 주시겠어요?
- He is on the other line. 지금 다른 전화를 받고 있습니다.
- I think you have the wrong number. 전화 잘못 거신 것 같네요.

알아두면 뽐낼 수 있는
전화 영어 표현

Participle+
English Speaking & Writing

Chapter 9

분사

분사(1)　분사(2)

이름부터 어려워 보이는 녀석이지만 실은 그저 동사를 활용해서 형용사처럼 쓰일 뿐입니다. 동명사가 동사를 활용해서 명사처럼 쓰이는 것처럼요. 분사는 형용사처럼 쓰이기 때문에 명사 앞에 놓여 명사를 꾸며 주는데요, 뒤에 뭔가 달려서 길어지면 명사 뒤에 놓여서 꾸며 줍니다. 또 주격보어나 목적보어로 쓰여 명사의 상태를 서술해 주기도 하죠. 이런 분사에는 동사에 -ing를 붙인 능동의 현재분사와 동사의 3단 변화 끝에 나오는 수동의 과거분사가 있어요.

요즘 말하기 시험에 자주 나오는 사진 묘사 문제를 보면 분사를 이용한 답변 연습이 중요함을 알 수 있습니다. 예를 들어 도서관에서 공부하는 사람들이 많은 사진을 묘사한다면 사람들이 공부를 하는 능동형이기 때문에 There are many people studying in the library.라고 해야 하기 때문이죠.

유창하게 분사를 활용해서 회화하는 모습을 상상하며 공부를 시작해 볼까요?

unit 1 분사 (1)

분사는 동사에 -ing나 -ed를 붙여서 형용사처럼 쓰는 말을 가리킵니다. 분사를 쓰는 이유는 단순하게 형용사만 쓰는 것보다 동사의 의미를 살리면서 더 다양하게 상태를 설명하거나 명사를 수식할 수 있기 때문입니다.

분사의 종류

분사는 동사에 -ing를 붙인 현재분사와 -ed를 붙인 과거분사로 나뉩니다. 특히 불규칙 동사의 과거분사형은 반드시 알아두고, 현재분사와 과거분사의 의미상 차이도 잊지 마세요.

	현재분사	과거분사
형태	v-ing	v-ed / 불규칙변화형
의미	능동, 진행	수동, 완료
역할	명사 수식/상태 설명	명사 수식/상태 설명

분사의 역할

❶ 명사 바로 앞에서 명사를 수식

The **barking** dog is mine. 짖고 있는 그 개는 내 거예요. (mine: my dog)
Look at the **crying** boy. 울고 있는 남자애를 봐!
The **closed** window is dirty. 닫힌 창문이 더러워요.
The **fixed** computer broke down again. 고친 컴퓨터가 또 고장이 났어요.

❷ 주어와 목적어 설명

The issue remained **unsettled**.
그 안건은 해결이 안 된 채 남아 있어요. (주어 설명: the issue의 상태 → unsettled)

I saw her **entering** the building.
나는 그녀가 건물 안으로 들어가는 걸 봤어요. (목적어 설명: her의 상태 → entering the building)

She left her letter **unopened**.
그녀는 자기 편지를 뜯지도 않은 채 두었어요. (목적어 설명: her letter의 상태 → unopened)

I saw her entering the building.에서요, entering 대신 동사원형을 쓴다고 배웠는데 차이가 뭐예요?

좋은 질문이에요. 간단하게 말해서 동사원형을 썼을 때는 어떤 행위가 일어나서 마무리될 때까지 함께했다는 뉘앙스를 풍겨요. 즉, I saw her enter the building.은 처음부터 끝까지 그녀가 건물에 들어가는 걸 지켜봤다는 거예요. 반면에 entering을 쓰면 행위를 하는 중간에 살짝 봤거나 들었다는 뉘앙스를 풍깁니다. 그래서 I saw her entering the building.은 그녀가 건물에 들어가는 행위 중 일부분을 봤다는 의미가 됩니다.

WARMING UP

우리말 문장과 맞게 주어진 단어의 알맞은 형태를 빈칸에 쓰세요.

1. 웃고 있는 남자가 제 남자친구예요. **(smile)**

   The _____ man is my boyfriend.

2. 도서관에는 공부를 하는 사람들이 많이 있어요. **(study)**

   There are many people _____ in the library.

3. 사무실에서 노란 셔츠를 입고 있는 그 남자분이 저희 사장님입니다. **(wear)**

   The man _____ a yellow shirt in the office is my boss.

4. 저희 엄마는 제 여동생이 자기 방에서 피아노 치는 것을 보셨어요. **(play)**

   My mother saw my sister _____ in her room.

5. 저는 길에 떨어진 잎사귀들을 보았어요. **(fall)**

   I saw the _____ leaves on the street.

6. 그는 책을 읽으면서 앉아 있었어요. **(read)**

   He sat _____ a book.

7. 그녀는 노래를 부르면서 거리를 걸어요. **(sing)**

   She walks on the street _____ a song.

8. 무대에서 춤을 추고 있는 여자가 저희 언니입니다. **(dance)**

   The woman _____ on the stage is my sister.

SENTENCE ORDER TRAINING

단어를 정확하게 배열해서 문장을 완성하세요.

1. is • the man • by women • surrounded • popular

   여자들에게 둘러싸인 그 남자는 인기가 있어요.

   _____.

2. we • in the classroom • money • found • the • stolen

   우리는 도난 당한 돈을 교실에서 찾았어요.

   _____.

예문 영작하기
SENTENCE WRITING

Hint 단어들을 이용해서 영작하세요.

❶ 저는 자동차에 관심이 있는 남자를 좋아하지 않아요. `interest`

❷ 한 남자가 상품으로 가득 찬 카트를 밀고 있어요. `push` · `fill`

❸ 외국인과 얘기하고 있는 저 여자가 제 친구입니다. `talk with`

❹ 그는 총에 부상을 입은 채 집에 돌아왔어요. `wound`

❺ 시험이 다가오자 그는 열심히 공부하기 시작했어요. `approach`

❻ 팔짱을 낀 채로 그는 나와 얘기를 했어요. `arms fold`

Teacher's Tips

전치사 with를 이용해 주어나 목적어의 상태를 설명할 수 있어요. [with+명사+-ing: ~함에 따라, ~하면서]나 [with+명사+p.p.: ~한 채]의 형태로 쓰는데요, 명사가 능동적으로 행위할 때는 현재분사를, 어떤 상태에 처하거나 행위를 당할 때는 과거분사를 씁니다.

- He sat on the chair **with his eyes closed**. 그는 눈을 감은 채 의자에 앉아 있었어요.
  (영어에서는 눈을 감는 것도 뇌의 영향을 받는 것으로 보기 때문에 수동의 의미인 과거분사를 써요.)

- We worked overtime **with the deadline getting** nearer.
  마감일이 다가오자 우리는 야근을 했어요.

대화하며 말하기
CONVERSATION SPEAKING 힌트 단어를 이용해서 문장을 말해 보세요.

❶ **A** Where is your boyfriend? 네 남자친구는 어디 있니?
   B 제 남자친구는 저희 회사 앞에서 저를 기다리고 있어요.
   `wait for` · `in front of`

❷ **A** When did they go home? 그들은 언제 집에 갔어요?
   B 밤이 되자 그 사람들이 집에 갔어요. `night` · `come on`

확장하며 쓰기
WRITING TRAINING 아래 단어들을 활용해서 학업 고민 상담과 서울 근교 유명 장소 소개하기 단락을 쓰세요.

학업 고민 상담 선생님들은 제가 영어를 잘한다고 생각하지 않으세요.
왜냐하면 제 수업에는 영어를 유창하게 하는 학생들이 많이 있거든요.

_____
_____
_____
_____

서울 근교 유명 장소 소개하기 여러분이 외국인과 함께 남산에 간다면 그들은 그곳을 마음에 들어할 거예요.
남산에는 산책하는 사람들이 많습니다. 가을이 다가오면서 꽃놀이도 할 수 있어요.

_____
_____
_____
_____

~을 잘하다 **be good at**   유창하게 말하다 **speak fluently**   마음에 들어하다 **like**   산책하다 **take a walk**
가을 **autumn**   꽃놀이 하다 **appreciate the flowers**

unit **1** 분사 (1) 151

unit 2 분사 (2)

이번 시간에는 감정을 나타내는 분사에 대해 알아봅니다. happy, angry 같은 감정 표현 형용사 외에 감정을 나타내는 분사를 쓰면 더 다양한 의미를 나타낼 수 있습니다. 형용사와 달리 감정을 나타내는 분사는 주어와의 관계를 생각하면서 정확히 이해하고 암기해야 해요.

감정 표현 분사

감정 표현 분사는 주어가 감정을 불러 일으키느냐, 감정을 느끼냐에 따라 모양이 달라집니다. 감정을 불러 일으키면 현재분사를, 감정을 느끼게 되면 과거분사를 쓰세요.

The game was very **exciting**.
그 게임은 매우 열광적이었어요. (게임이 사람들을 열광하게 만드니까 현재분사)

People were **excited** at the game.
사람들은 그 게임에 열광했어요. (사람들이 게임에 열광이 되는 거니까 과거분사)

감정을 불러 일으키는 현재분사(-ing)		감정을 느끼는 과거분사(-ed)	
amazing	놀라운	amazed	놀란
annoying	짜증나게 하는	annoyed	짜증이 난
interesting	흥미로운, 재미있는	interested	관심이 있는
boring	지루하게 하는	bored	지루한, 따분한
confusing	혼란스럽게 하는	confused	혼란스러운
embarrassing	난처하게 하는	embarrassed	난처한
pleasing	유쾌한, 즐거운	pleased	기쁜
encouraging	용기를 북돋워주는	encouraged	용기를 얻은, 격려를 받은
relaxing	느긋하게 해주는, 편한	relaxed	느긋한, 편안해진
satisfying	만족을 주는	satisfied	만족한
shocking	충격적인	shocked	충격을 받은
exciting	열광적인, 흥분시키는	excited	열광된, 흥분한
surprising	놀랄 만한	surprised	놀란
frightening	깜짝 놀라게 하는	frightened	깜짝 놀란
tiring	피곤하게 하는	tired	피곤한

 선생님, surprise는 동사인데, surprised랑 surprising은 모두 동사를 변형한 것으로 형용사인가요?

 네, 맞습니다. -ing가 붙고 -ed가 붙음으로써 형용사처럼 쓸 수 있게 된 거죠. 형용사의 역할이 명사 앞이나 뒤에서 꾸며 주거나 주어나 목적어를 설명해 주는 거라고 했지요? 동사의 형태로는 불가능했던 것들이 분사형이 되면서 가능해졌어요. 위의 표에 있는 감정 분사들은 모두 동사에서 파생된 것이라서 동사들의 원래 형태와 뜻도 함께 알아두면 유용할 거예요.

WARMING UP

우리말 문장과 맞게 주어진 단어의 알맞은 형태를 빈칸에 쓰세요.

① 그 소식은 충격적이었어요. **(shock)**

　The news was _____.

② 저는 그 소식에 충격받았어요. **(shock)**

　I was _____ by the news.

③ 이 노래 감동적이지? **(move)**

　Is this song _____?

④ 나는 이 노래에 감동받았어. **(move)**

　I was _____ by this song.

⑤ 그 수업은 흥미로워요. **(interest)**

　The class is _____.

⑥ 나는 그 수업에 흥미가 있어요. **(interest)**

　I am _____ in the class.

⑦ 그 시험 결과는 실망스러웠어요. **(disappoint)**

　The result of the test was _____.

⑧ 나는 그 시험 결과에 실망했어요. **(disappoint)**

　I was _____ at the result of the test.

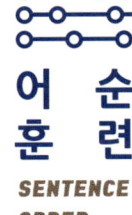
SENTENCE ORDER TRAINING

단어를 정확하게 배열해서 문장을 완성하세요.

① was · boring · the movie　그 영화는 지루했어요.

　_____.

② was · the news · surprised · I · at　나는 그 소식을 듣고 놀랐어요.

　_____.

예문 영작하기
SENTENCE WRITING

Hint 단어들을 이용해서 영작하세요.

❶ 저는 작년에 시험에 떨어져서 좌절했었어요. `frustrate`

❷ 도로 표지판들이 매우 혼란스럽네요. `confuse`

❸ 저는 이 카페에서는 편안한 느낌이에요. `relax`

❹ 제 일은 힘들고 피곤하지만 보람이 있어요. `tire` · `reward`

❺ 솔직히 말해서 나는 어제 당황스러웠어. `embarrass`

❻ 그의 나이를 고려해 볼 때 그는 짜증을 너무 쉽게 내요. `annoy`

Teacher's Tips

독립분사구문
영어에는 독립분사구문이라고 하는 표현이 있습니다. 이것의 뜻을 알기보다는 그 수가 얼마 안 되니까 숙어처럼 외워서 사용하면 아주 유익합니다.

- **generally speaking**: 일반적으로 말하면
- **frankly speaking**: 솔직히 말하면
- **strictly speaking**: 엄격히 말하면
- **judging from**: ~로 판단해 볼 때
- **considering**: ~을 고려하면

• **Judging from** his appearance, he looks poor. 외모로 판단해 볼 때 그는 가난해 보여요.

대화하며 말하기
CONVERSATION SPEAKING

힌트 단어를 이용해서 문장을 말해 보세요.

❶ **A** Did you watch the program? 너 그 프로그램 봤니?
   B 응. 그 프로그램이 길고 지루하더라.

❷ **A** Did you finish your presentation? How was it?
   너 프레젠테이션 마쳤어? 어땠어?
   B 프레젠테이션이 정말 대단했지.
   선생님께서 내 발표를 마음에 들어하셨어. `amazing`

확장하며 쓰기
WRITING TRAINING

아래 단어들을 활용해서 학업 고민 상담과 서울 근교 유명 장소 소개하기 단락을 쓰세요.

학업 고민 상담
저는 요즘 스트레스를 받고 있습니다. 선생님들은 제가 영어를 잘한다고 생각하지 않으세요. 왜냐하면 제 수업에는 영어를 유창하게 하는 학생들이 많이 있거든요. 솔직히 말해 이 수업이 지루합니다. 제가 반을 변경해야 할까요?

_____
_____
_____
_____

서울 근교 유명 장소 소개하기
여러분이 외국인과 함께 남산에 간다면 그들은 그곳을 마음에 들어할 거예요. 그들은 사람들 수에 놀랄 거예요. 왜냐하면 남산에는 산책하는 사람들이 많이 있습니다. 가을이 다가오면서 꽃놀이도 할 수 있어요. 또 서울의 야경도 정말 멋있어요. 여러분은 친구들과 좋은 추억을 만들 수 있을 거예요.

_____
_____
_____
_____

스트레스를 받다 **get stressed out**   지루한 **boring**   제가 ~해야 할까요? **Should I ~?**   반을 변경하다 **change one's class**   ~에 놀라다 **be surprised at**   ~의 수 **the number of**   서울의 야경 **the night view of Seoul**   좋은 추억을 만들다 **make good memories**

기념일

- **April Fool's Day** 만우절
- **Arbor Day** 식목일
- **Parent's Day** 어버이날
- **Teacher's Day** 스승의 날
- **Coming-of-Age Day** 성년의 날
- **Han-Gul (Korean Alphabet) Day** 한글날

공휴일

- **Lunar New Year's Day** 설날
- **Independence Movement Day** 삼일절
- **Buddha's Birthday** 석가탄신일
- **Children's Day** 어린이날
- **Memorial Day** 현충일
- **Constitution Day** 제헌절
- **Liberation Day** 광복절
- **Chuseok (Korean Thanksgiving Day)** 추석
- **National Foundation Day** 개천절
- **Christmas Day** 크리스마스

관련 표현들

- **pay silent tribute** 묵념하다
- **visit the graves of one's ancestors** 성묘를 가다
- **The National Cemetery** 국립묘지
- **the ancestral memorial ceremony** 차례
- **relatives** 친척들
- **red carnations** 카네이션
- **traditional dishes** 전통 음식

알아두면 뽐낼 수 있는
알아두면 좋은 우리나라
공휴일과 기념일 영어 표현

Subjunctive Mood+
English Speaking & Writing

Chapter 10

가정법

가정법 (1) 가정법 (2)

"내가 어리고 예쁘면 좋을 텐데…", "내가 영어만 잘하면 그 회사에서 일할 텐데…", "오늘이 금요일이면 좋을 텐데…" 어때요? 한 번쯤 써 본 문장들이죠? 영어의 가정법은 이렇게 현실과는 다른 상황을 가정해 볼 때 쓰는 패턴입니다. 즉, 현실에서는 일어날 수 없는 상황을 말할 때 사용하는 문법인 거죠. 현실에서 일어날 수 없다는 점이 바로 가정법의 포인트입니다!

이렇게 현실 불가능한 문장을 만들기 때문에 가정법에서는 동사 시제도 평소와 다르게 사용하고 조동사도 많이 사용하게 된답니다. 가정법만큼은 공식을 완벽하게 자기 것으로 만들어 두는 것이 필요해요.

그럼 준비 되셨죠? 문장을 만들러 가 볼까요?

unit 1   가정법 (1)

가정법은 어떤 사실을 놓고 반대로 가정하거나 아쉬움을 표현할 때 쓰는 용법입니다. 이번 과에서는 영어의 가정법 표현에 대해 공부합니다.

가정법의 종류

가정법은 현재의 사실을 가정하느냐, 과거의 일을 가정하느냐에 따라 가정법 과거와 가정법 과거완료로 나뉩니다.

❶ 가정법 과거

과거라는 단어가 있기는 하지만 현재 사실에 대해 반대로 가정하는 표현입니다. 현재 일어날 가능성이 적거나 불가능한 일에 대해 소망하면서 가정을 합니다.

> **형태**   If+주어+동사의 과거형, 주어+조동사 과거(would, could, should, might)+동사원형 ~
>
> **해석**   만약 ~라면 …일 텐데

If it **weren't** snowing, my sister **would leave** for work.
눈이 안 오면 우리 언니가 출근을 할 텐데…. **(실제로는 눈이 와서 출근을 못하고 있는 상태)**

If she **came**, **I could take** a walk with her.
그녀가 오면 내가 그녀와 산책할 수 있을 텐데…. **(실제로는 그녀가 오지 않아서 산책할 수 없는 상태)**

If I **were** you, **I wouldn't go** there. 내가 너라면 난 거기 안 갈 텐데.

❷ 가정법 과거완료

과거 사실에 대해 반대로 가정하는 표현입니다. 과거에 일어났으면 했던 일에 대해 아쉬움을 표하면서 가정합니다.

> **형태**   If+주어+had+p.p., 주어+조동사 과거(would, could, should, might)+have+p.p. ~
>
> **해석**   만약 ~였다면 …였을 텐데

If you **had studied** harder, you **would have passed** the test.
네가 더 열심히 공부했다면 시험에 합격했을 텐데…. **(실제로는 열심히 하지 않아서 떨어진 상태)**

If he **had been** here, he **could have seen** the movie star.
그가 여기에 있었다면 그 영화배우를 볼 수 있었을 텐데…. **(실제로는 여기 있지 않아서 못 본 상태)**

선생님!
If I were you ~에서는 왜 was가 아니라 were를 쓴 건가요?

아주 중요한 질문을 했어요. I면 was를 써야 하는데 말이죠. 그런데 영어 가정법 과거에서 be동사만큼은 were로 쓰는 게 일반적입니다. 원어민들 사이에서 굳어졌다고 할까요? 특히 회화체에서는 더욱 그렇지요. 이건 깊이 따지기보다 그네들의 어법으로 받아들이고 따르면 됩니다.

WARMING UP

우리말 문장과 맞게 주어진 단어의 알맞은 형태를 빈칸에 쓰세요.

❶ 내가 그 사람 전화번호를 안다면 그에게 전화할 수 있을 텐데. **(know)**

If I _____ his phone number, I could call him.

❷ 내가 거기에 있다면 너를 만날 텐데 **(be)**

If I _____ there, I would meet you.

❸ 그녀가 그렇게 멀리 살지 않으면 내가 그녀를 방문할 텐데. **(live)**

If she _____ so far away, I would visit her.

❹ 내가 취업하면 우리 엄마에게 반지를 사 드릴 텐데. **(get a job)**

If I _____, I could buy my mother a ring.

❺ 내가 너의 충고를 받아들였다면 나는 더 행복했을 텐데. **(take)**

If I _____ your advice, I would have been happier.

❻ 그가 파티에 왔더라면 내 여자친구를 만났을 텐데. **(come)**

If he _____ to my party, he would have met my girlfriend.

❼ 내가 그 집을 샀더라면 부자가 되었을 텐데. **(buy)**

If I _____ the house, I would have been rich.

❽ 네가 나에게 진실을 말했다면 난 그것을 믿었을 텐데. **(tell)**

If you _____ me the truth, I would have believed it.

SENTENCE ORDER TRAINING

단어를 정확하게 배열해서 문장을 완성하세요.

❶ if • English • were • I • hard • you • would • I • study

내가 너라면 열심히 영어 공부를 할 텐데.

_____.

❷ she • buy • if • had • would • lots of money • she • a house

그녀가 돈이 많으면 집을 살 텐데.

_____.

예문 영작하기
SENTENCE WRITING

Hint 단어들을 이용해서 영작하세요.

❶ 내가 할 수 있다면 혼자 살 텐데. `live alone`

❷ 내가 너라면 그 회사에 지원할 텐데. `apply for`

❸ 우리 선생님이 날 안 도와주셨다면 내가 인터뷰에 떨어졌을 텐데. `fail the interview`

❹ 우리 언니가 나를 지원해 주지 않았다면 나는 해외에서 공부할 수 없었을 텐데. `support` · `overseas`

❺ 내가 해외에서 살았다면 지금 영어를 유창하게 할 텐데. `live overseas`

❻ 내 남자친구가 이직을 했더라면 지금 높은 월급을 받을 수 있을 텐데. `get a high salary`

Teacher's Tips

영어 가정법에는 '혼합 가정법'이라는 게 있습니다. '과거에 ~했다면 현재 …할 텐데'로 과거의 일이 현재에 영향을 미칠 때 사용합니다. 그래서 if 절에는 가정법 과거완료 형태를, 주절에는 가정법 과거 형태를 쓰지요. 회화에서 자주 사용하는 형태로 뒤에 현재임을 나타내기 위해 now를 함께 쓰기도 합니다.

If+주어+had+p.p., 주어+조동사 과거형(would, could, should, might)+동사원형+(now).

- 그녀가 서울로 이사했다면 지금 취업할 수 있을 텐데.
  If she **had moved** to Seoul, she **could get** a job **now**.
- 내가 열심히 공부를 했다면 지금 떨지 않을 텐데.
  If I **had studied** hard, I **wouldn't be** nervous **now**.

대화하며 말하기
CONVERSATION SPEAKING
힌트 단어를 이용해서 문장을 말해 보세요.

❶ Ⓐ I heard that Peter broke up with his girlfriend.
나 Peter가 여자친구랑 헤어졌다고 들었어.

Ⓑ 진짜? 내가 Peter라면 그 애 여자친구와 헤어지지 않을 텐데. 그녀가 미인이거든.

❷ Ⓐ How about having dinner together? 저녁 함께 먹는 것 어때?

Ⓑ 미안해. 내가 일을 일찍 마쳤으면 지금 함께 저녁 먹을 텐데.
finish

확장하며 쓰기
WRITING TRAINING
아래 단어들을 활용해서 부탁 거절하기와 이메일 쓰기 단락을 쓰세요.

부탁 거절하기 당신 메시지를 확인했어요.
제가 시간이 있으면 당신을 도와드릴 텐데 말이죠. 저도 야근해야 해요.

_____
_____
_____
_____

이메일 쓰기 지난주에 송별회를 했다고 들었어요.
제가 그 소식을 알았다면 참석했을 텐데요. 제가 지난주에 휴가였어요.

_____
_____
_____
_____

메시지를 확인하다 **check one's message** 시간이 있다 **have time** 야근하다 **work overtime** 송별회를 하다 **have a farewell party** 참석하다 **attend** 휴가다 **be on vacation**

unit 2   가정법 (2)

사실을 반대로 가정할 때 가정법을 쓴다고 했죠? 앞에서 배운 것 외에 회화와 영작에 많이 쓰이는 또 다른 가정법 표현을 이 시간에 공부합니다.

I wish 가정법

I wish 가정법은 이룰 수 없는 소망과 유감스러움을 나타낼 때 사용합니다.
I wish도 과거와 과거완료가 있고 사용하는 문장 패턴이 있기 때문에 일정한 규칙대로 연습하면 어렵지 않게 사용할 수 있습니다.

❶ I wish+가정법 과거

현재에 이룰 수 없는 소망을 표현하는 가정법입니다.

형태   I wish+주어+동사 과거형
해석   ~라면 좋을 텐데

I wish I were thin. 내가 날씬하면 좋을 텐데. (실제로는 날씬하지 않음)
I wish I could buy the car.
내가 그 차를 구입하면 좋을 텐데. (실제로는 차를 구입할 수 없음)

❷ I wish+가정법 과거완료

과거에 이루지 못했던 소망이나 사실에 대해 가정하는 표현입니다.

형태   I wish+주어+had+p.p.
해석   ~했다면 좋았을 텐데

I wish I had studied hard.
내가 열심히 공부했다면 좋았을 텐데. (실제로는 공부를 열심히 하지 않았음)
I wish my sister **had known** her at that time.
우리 언니가 그녀를 그때 알았으면 좋았을 텐데. (실제로는 언니가 그녀를 그때 알지 못했음)

 선생님! wish를 hope로 바꿔 쓸 수 있나요?

 hope와 wish 모두 '바라다'의 뜻이니까 바꿔 쓸 수도 있을 것 같죠? 하지만 영어 가정법에서는 hope를 쓸 수 없어요. 왜냐하면 hope 자체가 미래에 실현 가능성이 있는 것을 바랄 때 쓰는 것이기에 가정법에는 어울리지 않습니다. wish는 뒤에 [주어+동사]가 오는 가정법 형태일 때 실제가 아니거나 불가능한 상황의 바람을 나타냅니다.
I hope that he will come. 나는 그가 오기를 바라고 있어요. (실현 가능성 있음)
I wish he could come. 그가 오면 좋을 텐데. (실현 가능성 없음)

워밍업
WARMING UP

우리말 문장과 맞게 주어진 단어의 알맞은 형태를 빈칸에 쓰세요.

❶ 이 가방이 비싸지 않으면 좋을 텐데. **(be)**

I wish this bag _____ expensive.

❷ 그가 그녀의 의견에 동의하지 않으면 좋을 텐데. **(agree)**

I wish he _____ with her.

❸ 내가 피아노를 칠 수 있으면 좋을 텐데. **(can play)**

I wish I _____ the piano.

❹ 내가 우리 언니만큼 똑똑하면 좋을 텐데. **(be)**

I wish I _____ as smart as my sister.

❺ 네가 그런 일을 하지 않았다면 좋았을 텐데. **(do)**

I wish you _____ such a thing.

❻ 우리 언니가 그때 Peter와 헤어졌다면 좋았을 텐데. **(break up with)**

I wish my sister _____ Peter at that time.

❼ 내 남자친구가 그 문제를 푸는 방법을 알았다면 좋았을 텐데. **(know)**

I wish my boyfriend _____ how to solve the problem.

❽ 내가 젊을 때 공부를 열심히 했더라면 좋았을 텐데. **(study)**

I wish I _____ hard in my youth.

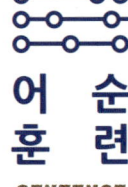
어순 훈련
SENTENCE ORDER TRAINING

단어를 정확하게 배열해서 문장을 완성하세요.

❶ wish • than • I • taller • brother • I • my • were

내가 우리 형보다 키가 더 크면 좋을 텐데.

_____.

❷ had • I • wish • yesterday • you • I • met 내가 어제 너를 만났더라면 좋았을 텐데.

_____.

예문 영작하기
SENTENCE WRITING

Hint 단어들을 이용해서 영작하세요.

❶ 내가 해외 인턴쉽을 하면 좋을 텐데. `do an internship program`

❷ 네가 나를 믿어 줬더라면 좋았을 텐데. `trust`

❸ 내가 학창 시절에 이런 것들을 알았더라면 좋았을 텐데. `in one's school days`

❹ 여기 붐비네. 식당에 사람이 많이 없으면 좋을 텐데. `crowded`

❺ 내가 서울로 이사하면 좋을 텐데. `move to`

　I wish

　= I am sorry (that)

❻ 내가 그런 무례한 행동을 하지 않았다면 좋았을 텐데. `rude`

　I wish

　= I am sorry (that)

Teacher's Tips

I wish 가정법 문장은 I am sorry ~로도 같은 뜻을 나타낼 수 있어요.
I wish + 가정법 과거 → I am sorry (that) + 주어 + 동사 현재형
I wish + 가정법 과거완료 → I am sorry (that) + 주어 + 동사 과거형

- **I wish** she **were** rich. → **I am sorry (that)** she **isn't** rich.
  그녀가 부자면 좋을 텐데. → 그녀가 부자가 아니라서 유감이다.
- **I wish** I **hadn't made** a mistake. → **I am sorry (that)** I **made** a mistake.
  내가 실수하지 않았다면 좋았을 텐데. → 내가 실수를 해서 유감이다.

대화하며 말하기
CONVERSATION SPEAKING

힌트 단어를 이용해서 문장을 말해 보세요.

❶ Ⓐ What day is it today? 오늘이 무슨 요일이지?
   Ⓑ 오늘은 화요일이야. 금요일이면 좋을 텐데.

❷ Ⓐ Why were you absent from your class? 왜 너 수업에 결석했니?
   Ⓑ 나 어제 체했었어. 많이 안 먹었으면 좋았을 텐데.
   have an upset stomach · a lot

확장하며 쓰기
WRITING TRAINING

아래 단어들을 활용해서 부탁 거절하기와 이메일 쓰기를 쓰세요.

부탁 거절하기
답장이 늦어서 미안해요. 당신 메시지를 늦게 확인했어요.
제가 시간이 있으면 당신을 도와드릴 텐데 말이죠. 저도 야근해야 해요.
어제 제 일을 마쳤다면 좋았을 텐데. 제가 어제는 하루 종일 외근이었어요.
도와드리지 못해 죄송해요.

_____
_____
_____
_____

이메일 쓰기
지난주에 송별회를 했다고 들었어요. 저는 그 소식을 듣고 놀랐어요.
제가 그 소식을 알았다면 참석했을 텐데요. 제가 지난주에 휴가였어요.
제가 당신 번호를 알면 좋을 텐데요. 저에게 전화번호를 알려 주시겠어요?
당신과 통화하고 싶어요.

_____
_____
_____
_____

늦은 답장 **late reply**   늦게 **late**   하루 종일 외근하다 **be out all day long**   ~해서 죄송하다 **be sorry (that)**   ~에 놀라다 **be surprised at**   통화하다 **talk to**

부탁하기

- Could you do this for me? 이것 좀 해주실래요?
- I have a personal favor to ask you. 개인적인 부탁이 있어요.
- Do you have a moment? 잠깐 시간 좀 내주실래요?
- Could you give me a hand with this? 이것 좀 도와주실래요?

거절하는 이유 말하기

- The product is defective. 제품에 결함이 있습니다.
- Times are so rough. 경기가 어렵네요.
- The project will be cancelled. 그 프로젝트가 취소될 겁니다.
- I'm sorry, but I have an emergency to attend to. 죄송하지만 급히 가야 할 곳이 있어요.
- I'm too busy to do that today. 오늘 너무 바빠서 그걸 할 수가 없어요.
- Unfortunately, I've had a few things come up. 갑자기 일이 생겼어요.
- Sorry, but that isn't my strong suit. 죄송하지만 제가 그 일에 적합하지가 않아서요.
- I'm afraid I'm committed to something else. 죄송해요. 약속된 다른 일이 있어요.

부탁을 거절할 때 쓰는 패턴

- **Unfortunately, I am unable to + 동사원형**: 유감스럽게도 제가 ~할 수 없습니다
  → Unfortunately, I am unable to send you the file.
  유감스럽게도, 제가 당신께 그 파일을 보낼 수가 없습니다.

- **I am afraid that + 주어 + 동사**: 유감이지만 ~하네요
  → I am afraid that we don't want to work with you.
  유감이지만 저희는 그쪽과 일하고 싶지가 않네요.

- **I am sorry, but 주어 + 동사**: 미안하지만 ~합니다
  → I am sorry, but I can't do what you're asking.
  미안하지만 당신의 부탁을 들어줄 수가 없습니다.

Dictation
D R I L L S

원어민의 음성을 듣고 받아쓴 후 큰소리로 따라 하며 연습하세요.   정답 p. 220 참조

Conversation 1

1 A: _____ is your mother?

   B: My mother _____ in _____.

2 A: _____ is your boyfriend's job?

   B: My boyfriend _____.

Conversation 2

1 A: _____ does your boyfriend _____?

   B: My boyfriend _____ by bus.

2 A: _____ does your boss _____?

   B: My boss _____ every day.

Conversation 3

1 A: _____ your cellphone _____?

   B: Yes. I _____ a new cellphone.

2 A: _____ do you _____ very _____ today?

   B: I _____ because I _____ attend _____.

일기

_____ is Monday. I am tired _____. So I get up _____ and run _____. I _____ tomorrow, so I _____ get up early. _____.

문자 메시지

Mina: Good morning :) _____ you _____ school?

_____ there.

Esther: I'm _____.

We should _____ today. Come quickly.

Mina: Oh my god! (=OMG)

CHAPTER 2

Conversation 1

1. **A:** _____ students are there _____ the classroom?

   B: _____ many students _____.

2. **A:** Are you tired?

   B: Yes, the meeting _____ three hours yesterday.

Conversation 2

1. **A:** Do you _____ chocolate? _____.

   B: It _____ delicious. It _____ like candy.

2. **A:** Did you _____ yesterday?

   B: No, I didn't. The sandwich _____.

Conversation 3

1. **A:** _____ there _____ with the parking lot?

   B: Yes. So we _____ the parking lot issue.

2. **A:** You _____ today.

   B: I _____ skiing, so I _____ the ski club yesterday.

Conversation 4

1. **A:** Do you _____ to your boyfriend every day?

   B: No, I write him a letter _____ a week.

2. **A:** The watch _____.

B: My boyfriend _____ me the watch.

Conversation 5

1 A: Did your sister _____?

   B: No. My parents always _____ her _____.

2 A: Do you _____ your boss?

   B: Yes, his diligence _____ him _____.

이메일 쓰기

Dear Mr. Kim,

Hello. There _____ some _____ with the sales report.

You _____ yesterday, so I _____ talk to you.

We _____ this morning, and we _____ the issue.

I _____ the minutes.

I _____ it _____ the sales department.

My boss _____ us _____ this issue.

Best regards

Mina Kim

가족 소개

There _____ in my family.

I am a student and I want _____ next year.

My father _____ tired because he _____ every day.

My father is busy but he _____ text messages

170

_____.

_____, and she _____ people _____.

My mother _____ people around her _____ happy.

Conversation 1

1 A: Do you _____ study English _____?

B: No, I _____ study English _____.

2 A: _____ is your sister doing now?

B: She's _____ my mom.

Conversation 2

1 A: You _____ different. Did you _____ your style?

B: Yes. I _____ yesterday.

2 A: I called you _____. Why didn't you _____?

B: Sorry. I _____ yesterday.

Conversation 3

1 A: _____ will you _____ school?

B: I will _____ school next year.

2 A: Are you _____ next weekend?

B: Yes, I will _____ my grandmother _____.

Conversation 4

1 A: : _____ have you ever been to America?

B: I' _____ to America.

2 A: I am very hungry.

171

B: Mom has not _____ yet.

Conversation 5

1 A: _____ have you worked _____?

B: I _____ in this department _____ two years.

2 A: _____ is your laptop?

B: I have _____ it _____.

Conversation 6

1 A: Did you _____ with James?

B: When I _____ the restaurant, James had already _____.

2 A: _____ have you been _____ your cellphone?

B: I will _____ this cellphone _____ 8 months by next month.

하루 일과

I _____ get up at 6 in the morning. I _____ school _____. I _____ at a language institute after school. I _____ sick yesterday, so I _____ my English class.

I am planning to _____ today. I will _____ my pictures _____ tomorrow.

생일 카드 쓰기

Happy belated birthday.

I wanted to _____ last week, but I

_____ in Busan.

I am _____ Shinchon, and I _____

you. We have good _____ here.

_____ a gift that I _____. I _____ that you

_____ like it.

소개팅 얘기하기

Jane: Have you ever _____?

Elly: _____ a blind date.

Jane: Really? _____?

Elly: He is very kind. We have been _____ for 8 months.

Jane: _____ does he live?

Elly: He will have _____ Suwon for four months _____

next month. He had lived _____ before he moved

there.

인터뷰 경력 소개

_____ have an interview. This is Hana Kim.

I _____ in SKY Company's sales department

_____. I _____ with Sony before.

I have _____ many projects. _____ I worked

in the sales department, I _____ in the marketing field. I

think I have _____ both the marketing and sales fields.

173

CHAPTER 4

Conversation 1

1. **A:** _____ you _____ your childhood?

   B: I _____ my grandmother when I was young because _____.

2. **A:** Did you _____ the meeting yesterday?

   B: The meeting _____ yesterday.

Conversation 2

1. **A:** _____ your test yesterday?

   B: The test was difficult. I _____ failing the math exam.

2. **A:** Did your boss _____ your presentation?

   B: My boss was very _____ my presentation.

고민 상담

Time is so _____. My best friend _____ last week. I was very _____ the news. I _____ my future.

약속 잡기

_____ to JOY restaurant? The restaurant _____ pizza. I heard that the restaurant _____. I _____ the restaurant _____ nice. _____ meeting around 5 p.m. today? It _____ many people _____ lunch hour.

174

CHAPTER 5

Conversation 1

1. A: A: _____ you _____ the window?

   B: No, of course not.

2. A: _____ did you _____ last weekend?

   B: I _____ my friends. I _____ with my friends.

Conversation 2

1. A: You should _____.

   B: I _____ do my homework. Don't worry.

2. A: I called you yesterday. _____ was _____?

   B: I _____ my mother in her store, so I am busy these days.

3. A: Do you smoke after lunch?

   B: I _____ a bad _____ after lunch.

2. A: Did you _____ the position again?

   B: Yes, I think the company _____ working _____.

호텔 예약

This is Ella _____ Korea. I am _____ to Bali for summer vacation, so I _____ your hotel package. _____ my children like swimming, I _____ at a hotel with a big swimming pool. Do you have a big swimming pool? Also, I _____ the Internet when I _____ last year, so I would like to know if I can use the Internet _____ at your hotel. I _____ your reply.

175

아르바이트 경험

I _____ a part-time job in the library _____.

My work _____ books _____ genre.

_____ I like organizing things, I was happy. However,

I _____ deciding _____ work in the library

_____ because the books were so _____

that they _____ me easily _____. I was tired, but I

_____ many things. Now, I _____ my books and am in

the habit of arranging them.

Conversation 1

1 A: _____ do you _____ hard these days?

   B: I _____ to study hard with my mother.

2 A: _____ your goal?

   B: My goal is _____ 5 kilograms _____.

Conversation 2

1 A: Do you have _____ me?

   B: I have _____ to tell you.

2 A: Will you _____ his wedding?

   B: I am sorry _____ (that) I can't _____ his wedding.

Conversation 3

1 A: Did you buy the skirt?

   B: No, I didn't. The skirt was _____ for me _____. (=The skirt was so short that I couldn't wear it.)

2 A: Did your sister _____?

B: My sister is not _____ to get married.

물건 교환하기

I _____ a shirt to give to my sister _____, and I received it yesterday.

_____ I _____ see the shirt because the color _____ pretty. _____, I want to _____ my order.

The shirt is too small _____ to wear. I want to _____ a bigger size.

안부 묻기

How have you been? I _____ to send _____ to you and your family. I heard you are busy because you have _____ to do. The project was _____ for our team members _____ easily last year. However, you will _____ do it because you are experienced _____ finish the project. There is a _____ these days. Be careful _____ catch a cold.

Conversation 1

1 A: Do you know the man _____ over there?

   B: He is my _____ brother.

2 A: _____ book will you buy?

   B: I will buy a book _____ me _____.

Conversation 2

1. A: _____ did you have _____ yesterday?

   B: I had Bulgogi _____ my mother _____.

2. A: Is Scott your _____?

   B: Yes. He is a smart guy _____ never failed _____ the math problems.

Conversation 3

1. A: Please give me the book _____.

   B: _____ is in my right hand is my diary. I can't _____ it _____ you.

2. A: You _____ have many _____ your mind.

   B: I don't know what I _____, so I _____ my future.

이상형 말하기

I _____ my ex-boyfriend two years ago. I want to have a boyfriend. I _____ who is _____. I want to date a boyfriend _____ can _____ my _____. I like a man who _____ in everything. So, I want to learn a lot of things from him. _____ are not important. _____ I want is good _____ and attitude. I want _____ else.

영어 공부 목적 말하기

I have many friends _____ English fluently. I study

English with them _____.

_____ I want is _____ with foreigners.

I am _____ a job. _____ are looking

for people _____ speak English fluently, so I want to be a

_____ can _____ English. I want to

_____.

Conversation 1

1 A: Does James _____ hard?

   B: He doesn't practice _____ his partner.

2 A: _____ the bag expensive?

   B: No, it wasn't as expensive _____.

Conversation 2

1 A: Is your sister _____ you?

   B: She is _____ than me.

2 A: How did you _____?

   B: I _____ every day. _____ I

   work out, _____ I get.

Conversation 3

1 A: _____ do you study _____?

   B: I am _____ when I am alone.

2 A: You look really nice _____ the skirt.

   B: Thank you. This is _____ that I've ever

   _____.

첫 영어 수업

I _____ an English class that my friend _____ to me. There were many students in the classroom, and they were not _____ me. I _____ I was _____ in my class, so I was _____ nervous. _____, the class was not _____ than my friend _____. I felt happy after the class. _____ I study, _____ I learn. Today is _____ of my life.

휴대폰 교환하기

I bought a cellphone yesterday. The cellphone was _____ I expected. It was _____ that I had _____ bought, but I decided to buy it. It was _____ the previous one, so I liked it. However, I _____ that there is something wrong with the cellphone today. The Internet is _____ before. One of _____ is that I can't check my emails. I want to change my cellphone.

CHAPTER
9

Conversation 1

1 A: _____ is your boyfriend?

B: My boyfriend is _____ me _____ our company.

2 A: _____ did they go home?

B: _____ the night _____ on, they went home.

Conversation 2

1 A: Did you _____ the program?

B: Yes. The program was _____.

2 A: Did you finish your presentation? _____ it?

B: The presentation was so _____. My teacher _____ my presentation.

학업 고민 상담

I _____ out these days.

Our teachers don't think that _____ English because there are many students _____ English fluently in my class. _____, the class is _____. Should I change my class?

서울 근교 유명 장소 소개하기

If you _____ Namsan with foreigners, they will like _____.

They will _____ at the number of people because there are many people _____ in Namsan. _____ autumn _____, you can _____ the flowers. _____ of Seoul is also amazing. You will _____ good memories _____ your friends.

CHAPTER 10

Conversation 1

1. A: I _____ that Peter _____ his girlfriend.

   B: Really? If I _____ Peter, I _____ break up with his girlfriend. She is beautiful.

2. A: How about _____ together?

   B: Sorry. If I _____ my work early, I _____ dinner together now.

Conversation 2

1. A: _____ is it today?

   B: Today is Tuesday. I wish _____ Friday.

2. A: Why _____ you _____ your class?

   B: I _____ yesterday. I wish I _____ a lot.

부탁 거절하기

I am sorry for _____. I checked your message _____.

If I _____, I _____ you. I _____ work overtime.

_____ I had _____ my work yesterday. I was out _____.

I am sorry (that) I can't _____ you.

이메일 쓰기

I _____ that you _____ last week. I _____ at the news.

If I _____ the news, I _____ the party. I was _____ vacation last week.

_____ I knew your phone number. _____ you _____ tell me your number?

I want to _____ you.

ANSWERS

unit 1 be동사

워밍업 p. 15
1 is
2 are
3 was
4 is
5 were
6 was
7 is
8 is

어순훈련
1 My sister is in her room.
2 He is energetic.

예문 영작하기 p. 16
1 My mother is a nurse.
2 It is Friday.
 • 요일을 말할 때는 'It is+요일 명'으로 표현합니다. 이때의 it은 별 의미 없이 쓰이는 비인칭 it으로 알아두세요. 참고로 비인칭 it은 이 외에도 '시간/날짜/날씨/계절/명암/거리'를 나타낼 때도 쓰입니다.
3 My brother is an office worker.
 • office worker처럼 모음으로 발음되는 단어 앞에는 a 대신 an을 씁니다.
4 He is so busy. • so: 무척, 아주, 매우
5 She is downtown.
6 My book is there.

대화하며 말하기 p. 17
1 A: Where is your mother?
　B: My mother is in the kitchen.
2 A: What is your boyfriend's job?
　B: My boyfriend is an accountant.

확장하며 쓰기
1 　일기
 오늘은 월요일이다.
 나는 월요일마다 피곤하다.
 It is Monday.
 I am tired every Monday.

2 　문자 메시지
 미나: 좋은 아침^^ 너 학교야?
 에스더: 나 도서관에 있어.
 Mina:　Good morning :) Are you at school?
 Esther: I'm in the library.
 • be동사가 들어간 문장을 의문문으로 만들 때는 be동사를 주어 앞으로 빼내어 'Be동사+주어 ~?'의 형태로 쓰면 됩니다.

unit 2 일반동사

워밍업 p. 19

1 like
2 likes
3 like
4 needs
5 drink
6 check
7 cleans
8 wakes • wake up: ~를 깨우다, 잠에서 깨다

어순훈련

1 She gets up early in the morning.
2 He works out every day.

예문 영작하기 p. 20

1 My brother drinks milk.
2 Jane stays at the hotel.
3 They get up late.
4 She works in the marketing department.
5 Many people go to work every morning.
6 Everybody gets off work.
  • everybody(모든 사람들)는 의미상으로는 복수이지만, 영어에서는 이렇게 every-가 들어간 단어는 무조건 3인칭 단수로 취급합니다. 그래서 get에 -s가 붙은 gets를 써야 합니다.

대화하며 말하기 p. 21

1 A: How does your boyfriend go to work?
  B: My boyfriend goes to work by bus.
2 A: When does your boss get off work?
  B: My boss works overtime every day.
  • work overtime: 야근하다

확장하며 쓰기

1 일기

오늘은 월요일이다.
나는 월요일마다 피곤하다.
그래서 늦게 일어나고 아침에 뛰게 된다.
It is Monday.
I am tired every Monday.
So I get up late and run in the morning.

2 문자 메시지

미나: 좋은 아침^^ 너 학교야? 나 거기로 가는 중이야.
에스더: 나 도서관에 있어.
Mina: Good morning :) Are you at school? I'm going there.
Esther: I'm in the library.
• '~하는 중이다'처럼 말하는 순간에 하고 있는 행동을 표현할 때는 'be동사 현재형(am/are/is)+동사-ing'로 나타냅니다.

unit 3 조동사

워밍업 p. 23

1 can
2 will
3 must
4 can　• at one's convenience: ~가 편할 때에
5 will
6 should
7 may
8 could　• in time: 제 시간에

어순훈련

1 She can save money.
2 He should change jobs.

예문 영작하기 p. 24

1 I can buy a computer.
2 She will have a meeting in the afternoon.
3 I could understand the story yesterday.
4 You must have dinner at 7 o'clock.
5 Would you watch my bag?
　• Would you+동사원형 ~?: ~해 주시겠어요?
6 I had to meet him yesterday.

대화하며 말하기 p. 25

1 A: Is your cellphone broken?
　B: Yes. I should buy a new cellphone.
2 A: Why do you look very tired today?
　B: I am tired because I had to attend a drinking party.

확장하며 쓰기

1 　일기

오늘은 월요일이다. 나는 월요일마다 피곤하다. 그래서 늦게 일어나고 아침에 뛰게 된다.
내일은 회의가 있다. 그래서 일찍 일어나야만 한다. 걱정이 된다.

It is Monday. I am tired every Monday. So I get up late and run in the morning.
I have a meeting tomorrow, so I must [have to] get up early. I'm worried.

2 　문자 메시지

미나: 좋은 아침 ^^ 너 학교야? 나 거기로 가는 중이야.
에스더: 나 도서관에 있어. **우리 오늘 시험 봐야 돼. 빨리 와.**
미나: 이런!

Mina:　Good morning :) Are you at school? I'm going there.
Esther: I'm in the library. **We should take a test today. Come quickly.**
Mina:　OMG!

special unit 1 부정문

부정문 만들기 훈련 p. 27

1. She did not [didn't] buy a computer yesterday.
2. The game is not [isn't] over.
3. He does not [doesn't] need English books.
4. We should not [shouldn't] go to the party.
   • should not: ~하지 말아야 한다

응용훈련

1. She moved away a week ago. • move away: 떠나다
   She did not [didn't] move away a week ago.
2. She saved money last year.
   She did not [didn't] save money last year.

special unit 2 의문문

의문문 만들기 훈련 p. 29

1. Does he send text messages? • send text messages: 문자 메시지를 보내다
2. Is this your umbrella?
3. Did she break her promise? • break one's promise: 약속을 어기다
4. Can Jane play the piano?

응용훈련

1. His favorite food is pizza.
   Is his favorite food pizza? • favorite: 가장 좋아하는
2. She passed the test last week.
   Did she pass the test last week?

unit 1 1형식

워밍업 p. 33

1 There was
2 There are
3 Here is • laundry: 빨래, 세탁물
4 Jack went • go(가다) - went(갔다)
5 They live
6 There was
   • nothing: ~이 없는, ~이 아닌 (자체가 부정의 의미이므로 따로 not을 쓰지 않습니다.)
7 Here are • 메뉴는 종류가 다양하기 때문에 복수로 사용합니다.
8 Here is

어순훈련

1 There are many cars on the street.
2 She goes to the office at 3 p.m. every day.

예문 영작하기 p. 34

1 There are many employees in my company.
2 It doesn't matter. • matter가 동사로 쓰이면 '중요하다'의 뜻이 됩니다.
3 This medicine works.
4 There is a problem with my iphone.
5 There are some experienced employees in my company.
6 There is much [a lot of] information on the Internet.
   • information은 영어에서 하나 둘, 셀 수 있는 명사가 아니기 때문에 복수형으로 쓸 수 없습니다. a lot of는 '많은'으로 셀 수 있는 명사와 셀 수 없는 명사 앞에 모두 옵니다.

대화하며 말하기 p. 35

1 A: How many students are there in the classroom?
   B: There are many students in the classroom.
2 A: Are you tired?
   B: Yes, the meeting lasted for three hours yesterday.

확장하며 쓰기

1 **이메일 쓰기**
   김 선생님께
   안녕하세요.
   판매 보고서에 문제가 몇 개 있었어요.
   Dear Mr. Kim,
   Hello.
   There were some problems with the sales report.

2 **가족 소개**
   저희 가족은 다섯 식구가 있어요.
   There are five members in my family.

unit 2 2형식

워밍업 p. 37

1. looks
2. smells
3. sounded
4. smelled • damp: 눅눅한
5. tastes
6. looked • in+옷 가지: ~을 입으니까, ~을 입고
7. felt • feel - felt - felt • sound sleep: 푹 잔 잠 • refreshed: (기분이) 개운한
8. sounds • reasonable: 논리가 있는, 정당한, 타당한

어순훈련

1. His voice sounds sad.
2. My face turns red easily.

예문 영작하기 p. 38

1. The work will come easy soon. • come easy: 수월해지다
2. This smells sweet.
3. She gets exhausted every evening.
4. He looks young for his age. • for: ~에 비해
5. She looks like a teacher.
6. Jane feels like a princess.

대화하며 말하기 p. 39

1. A: Do you like chocolate? Try it.
   B: It looks delicious. It smells like candy.
2. A: Did you have a sandwich yesterday?
   B: No, I didn't. The sandwich went bad. • go bad: (음식 등이) 상하다

확장하며 쓰기

1. **이메일 쓰기**

   김 선생님께

   안녕하세요. 판매 보고서에 문제가 몇 개 있었어요.
   어제 바빠 보이셔서 제가 당신과 얘기를 못했네요.

   Dear Mr. Kim,

   Hello. There were some problems with the sales report.
   You looked busy yesterday, so I couldn't talk to you.

2. **가족 소개**

   저희 가족은 다섯 식구가 있어요.
   저는 학생이에요.
   저희 아버지께서는 매일 야근을 하셔서 피곤해 보이세요.

   There are five members in my family.
   I am a student.
   My father looks tired because he works overtime every day.

unit 3 3형식

워밍업 p. 41

1 don't resemble
2 addresses
3 attends
4 consider • need to+동사원형: ~할 필요가 있다 • what to+동사원형: 무엇을 ~할지
5 mention
6 marry
7 joined
8 approach • as: ~함에 따라 • on the left: 왼쪽에

어순훈련

1 He entered a large company last year.
2 We reached the airport yesterday.

예문 영작하기 p. 42

1 Did you greet my boss?
2 I will answer the issue tomorrow.
3 The train is approaching the station.
4 My mother mentioned my score.
5 I dated my boyfriend last week. / I went on a date with my boyfriend last week.
6 He married Esther three years ago. / He got married to Esther three years ago.
• get married to: ~와 결혼하다

대화하며 말하기 p. 43

1 A: Was there something wrong with the parking lot?
　B: Yes. So we discussed the parking lot issue.
• something wrong: 뭔가 잘못된 것
2 A: You look happy today.
　B: I enjoy skiing, and I joined the ski club yesterday.
• enjoy: ~을 즐기다 (뒤에 목적어로 동사-ing 형태가 와요.)

확장하며 쓰기

1 **이메일 쓰기**

김 선생님께
안녕하세요. 판매 보고서에 문제가 몇 개 있었어요.
어제 바빠 보이셔서 제가 당신과 얘기를 못했네요.
오늘 아침에 저희가 회의를 했고 그 문제에 대해서 토론했어요.
회의록을 첨부합니다.

Dear Mr. Kim,
Hello. There were some problems with the sales report.
You looked busy yesterday, so I couldn't talk to you.
We had a meeting this morning, and we discussed the issue.
I attached the minutes.

2 **가족 소개**

저희 가족은 다섯 식구가 있어요.
저는 학생이고 **내년에 취업**을 하고 싶습니다.

저희 아버지께서는 매일 야근을 하셔서 피곤해 보이세요.
저희 어머니는 친절하시고 사람들에게 먼저 인사하세요.
There are five members in my family.
I am a student **and I want to get a job next year.**
My father looks tired because he works overtime every day.
My mother is kind, and she greets people first.

unit 4 4형식

워 밍 업 p. 45

1 me a CD
2 to Mina • lend-lent-lent
3 his girlfriend an expensive ring
4 him some questions
5 to my boyfriend
6 me a book
7 me coffee
  • make someone coffee는 직역하면 '~에게 커피를 만들어 주다'지만 '커피를 타 주다'의 뜻으로 쓰입니다.
8 me a song

어순훈련
1 3형식: I teach English to my brother.   4형식: I teach my brother English.
2 3형식: He forwarded the file to my boss.   4형식: He forwarded my boss the file.

예 문 영작하기 p. 46

1 4형식: Do you write your teacher a thank-you card at the end of the year?
  3형식: Do you write a thank-you card to your teacher at the end of the year?
2 4형식: Did you show your boyfriend my picture?
  3형식: Did you show my picture to your boyfriend?
3 4형식: I make my mother breakfast every day.
  3형식: I make breakfast for my mother every day.
4 4형식: He tells his girlfriend a funny story.
  3형식: He tells a funny story to his girlfriend.
5 My teacher explained the problem to me.
6 I introduced my boyfriend to my mother.

대화하며 말 하 기 p. 47

1 A: Do you write a letter to your boyfriend every day?
  B: No, I write him a letter once a week.
2 A: The watch looks expensive.
  B: My boyfriend bought me the watch.

확장하며 쓰기

1 이메일 쓰기

김 선생님께

안녕하세요. 판매 보고서에 문제가 몇 개 있었어요.
어제 바빠 보이셔서 제가 당신과 얘기를 못했네요.
오늘 아침에 저희가 회의를 했고 그 문제에 대해서 토론했어요.
회의록을 첨부합니다. 제가 그걸 영업부서에도 전달했습니다.

Dear Mr. Kim,

Hello. There were some problems with the sales report.
You looked busy yesterday, so I couldn't talk to you.
We had a meeting this morning, and we discussed the issue.
I attached the minutes. I forwarded it to the sales department.

2 가족 소개

저희 가족은 다섯 식구가 있어요.
저는 학생이고 내년에 취업을 하고 싶습니다.
저희 아버지께서는 매일 야근을 하셔서 피곤해 보이세요.
아버지는 바쁘지만 저에게 문자 메시지를 종종 보내 주세요.
저희 어머니는 친절하시고 사람들에게 먼저 인사하세요.

There are five members in my family.
I am a student and I want to get a job next year.
My father looks tired because he works overtime every day.
My father is busy but he often sends text messages to me.
My mother is kind, and she greets people first.

unit 5 5형식

워밍업 p. 49

1 consider / flexible
2 found / interesting • find - found - found
3 allow / to go out
4 chose / the 17th president • choose - chose - chosen
5 encourage / to do my best • do one's best: 최선을 다하다
6 make / cheerful
7 call / a rose
8 told / to work overtime • tell - told - told

어순훈련
1 He wants me to study English.
2 He makes me angry.

예문 영작하기 p. 50

1 My team manager makes my team members energetic.
2 My boss wants me to work overtime.
3 My teacher tells me to speak English confidently.

4 My grandmother made me a good doctor.
5 My mother makes me do the dishes after dinner.
6 We will let them join the club.

대화하며 말하기 p. 51

1 A: Did your sister get married?
  B: No. My parents always want her to get married.
2 A: Do you respect your boss?
  B: Yes, his diligence made him a rich man.

확장하며 쓰기

1 이메일 쓰기

김 선생님께

안녕하세요. 판매 보고서에 문제가 몇 개 있었어요. 어제 바빠 보이셔서 제가 당신과 얘기를 못했네요.

오늘 아침에 저희가 회의를 했고 그 문제에 대해서 토론했어요. 회의록을 첨부합니다.

제가 그걸 영업부서에도 전달했습니다.

사장님께서는 우리가 이 문제를 해결하길 원하세요.

김미나 올림

Dear Mr. Kim,

Hello. There were some problems with the sales report. You looked busy yesterday, so I couldn't talk to you.

We had a meeting this morning, and we discussed the issue. I attached the minutes.

I forwarded it to the sales department.

My boss wants us to solve this issue.

Best regards
Mina Kim

2 가족 소개

저희 가족은 다섯 식구가 있어요. 저는 학생이고 내년에 취업을 하고 싶습니다.
저희 아버지께서는 매일 야근을 하셔서 피곤해 보이세요.
아버지는 바쁘지만 저에게 문자 메시지를 종종 보내주세요.
저희 어머니는 친절하시고 사람들에게 먼저 인사하세요.
어머니는 자기 주변 사람들이 행복하기를 원하세요.

There are five members in my family. I am a student and I want to get a job next year.
My father looks tired because he works overtime every day.
My father is busy but he often sends text messages to me.
My mother is kind, and she greets people first.
My mother wants people around her to be happy.

unit 1 현재시제

워밍업 p. 55

1 gets up (습관)
2 is (속담)
3 is eating (진행)
4 has (지속적인 상태) • have an eye for: ~에 안목이 있다
5 are leaving (가까운 미래)
6 love (지속적인 상태)
7 is thinking (진행) • think about: ~에 대해 생각하다
8 sounds (지속적인 상태) • sound+형용사: ~하게 들리다

어순훈련

1 She is driving now.
2 The store opens at 7 a.m.

예문 영작하기 p. 56

1 He has a sense of humor.
2 My boyfriend is a social drinker. • social drinker: 사교적인 자리에서 술을 잘 마시는 사람
3 My sister is searching for a part-time job these days. • search for: ~을 찾다
4 My mother is driving now.
5 She often skips lunch.
6 We always watch movies at night.

대화하며 말하기 p. 57

1 A: Do you usually study English in the morning?
   B: No, I always study English at night.
2 A: What is your sister doing now?
   B: She's talking with my mom.

확장하며 쓰기

1 　하루 일과　
   저는 항상 아침 6시에 일어납니다.
   저는 버스로 학교에 갑니다.
   방과 후에는 어학원에서 영어 공부를 합니다.
   I always get up at 6 in the morning.
   I go to school by bus.
   I study English at a language institute after school.

2 　생일 카드 쓰기　
   생일 축하해.
   난 지금 신촌에 있는데 너를 생각하고 있어.
   우리는 여기에 좋은 추억들이 있잖아.
   Happy birthday.
   I am in Shinchon, and I am thinking about you.
   We have good memories here.

unit 2 과거시제

워밍업 p. 59

1 got • get-got-gotten • get certified: 자격증을 따다
2 broke • break-broke-broken • break up with: ~와 헤어지다
3 listening • listen to: ~을 듣다
4 ordered • a minute ago: 조금 전에, 방금 전에
5 worked
6 took • take-took-taken • take care of: ~을 돌보다
7 was talking • talk on the phone: 전화 통화하다
8 gave • give-gave-given • give a presentation: 프레젠테이션을 하다

어순훈련

1 She began skating at the age of six. • begin-began-begun • begin+동사-ing: ~하기 시작하다
2 I was waiting for the bus yesterday. • wait for: ~을 기다리다

예 문 영작하기 p. 60

1 She got married last year. • get married: 결혼하다
2 I won a game yesterday. • win-won-won
3 My dad always helped my mom.
4 He finished the project this morning.
5 I used to get up early.
6 He was sleeping when I called him.

대화하며 말 하 기 p. 61

1 A: You look different. Did you change your style? • look+형용사: ~하게 보이다
   B: Yes, I had a haircut yesterday. • have a haircut: 머리를 자르다
2 A: I called you many times. Why didn't you answer my calls?
   B: Sorry. I was sightseeing yesterday.

확장하며 쓰 기

1 **하루 일과**
저는 항상 아침 6시에 일어납니다. 저는 버스로 학교에 갑니다.
방과후에는 어학원에서 영어 공부를 합니다. **어제는 아파서 영어 수업에 결석했어요.**
I always get up at 6 in the morning. I go to school by bus.
I study English at a language institute after school.
I was sick yesterday, so I was absent from my English class.

2 **생일 카드 쓰기**
늦었지만 생일 축하해.
지난주에 너에게 선물을 주고 싶었는데 부산에서 회의가 있었어.
난 지금 신촌에 있는데 너를 생각하고 있어. 우리는 여기에 좋은 추억들이 있잖아.
Happy belated birthday.
I wanted to give you a gift last week, but I had a meeting in Busan.
I am in Shinchon, and I am thinking about you. We have good memories here.

unit 3 미래시제

워밍업 p. 63

1 will • fax: ~에게 팩스를 보내다
2 is going to
3 will
4 is going to
5 will
6 will • donate: 기부하다 • foundation: 재단
7 am going to • hang out with: ~와 어울려 놀다
8 will • put off: ~을 미루다

어순훈련

1 I will leave Korea tomorrow.
2 She is going to do her homework tonight.

예문 영작하기 p. 64

1 I will quit my job next month.
2 She is going to have a baby next week. • have a baby: 출산하다
3 I will send you an email tomorrow.
4 I'm going to see a doctor on Thursday. • see a doctor: 진찰을 받다
5 He is planning to update his blog.
6 I am going to work on a team project next month.
    • work on a team project: 팀 프로젝트를 하다

대화하며 말하기 p. 65

1 A: When will you graduate from school?
  B: I will graduate from school next year. • graduate from: ~을 졸업하다
2 A: Are you busy next weekend?
  B: Yes, I will visit my grandmother next weekend.

확장하며 쓰기

1 　하루 일과　
저는 항상 아침 6시에 일어납니다. 저는 버스로 학교에 갑니다. 방과후에는 어학원에서 영어 공부를 합니다.
어제는 아파서 영어 수업에 결석했어요. **오늘 저는 수업을 복습할 계획이에요. 내일은 페이스북에 사진을 업데이트 할 거예요.**

I always get up at 6 in the morning. I go to school by bus. I study English at a language institute after school. I was sick yesterday, so I was absent from my English class. **I am planning to review my class today. I will update my pictures on Facebook tomorrow.**

2 　생일 카드 쓰기　
늦었지만 생일 축하해.
지난주에 너에게 선물을 주고 싶었는데 부산에서 회의가 있었어.
난 지금 신촌에 있는데 너를 생각하고 있어. 우리는 여기에 좋은 추억들이 있잖아.
이건 내가 고른 선물이야. 네가 마음에 들어 하면 좋겠어.

Happy belated birthday.
I wanted to give you a gift last week, but I had a meeting in Busan.
I am in Shinchon, and I am thinking about you. We have good memories here.
This is a gift that I picked. I hope that you will like it.

unit 4 현재완료 (1)

워밍업 p. 67

1 have already finished
2 Have you ever eaten • eat-ate-eaten
3 has just called
4 Has she ever taken • take-took-taken • take the test: 시험을 치르다
5 has used
6 have not received
7 have never seen • see-saw-seen
8 have played

어순훈련

1 Have you already met him?
2 He has never tried to get up early.

예문 영작하기 p. 68

1 I've just sent you my résumé. • send-sent-sent
2 She has already eaten breakfast.
3 He has met the movie actor before. • meet-met-met
4 Have you ever tried Kimchi? • try: ~을 먹어 보다
5 She has been to Busan.
6 She has gone to Japan on business. • on business: 출장으로, 출장 차

대화하며 말하기 p. 69

1 A: How many times have you ever been to America?
 B: I've never been to America.
2 A: I am very hungry.
 B: Mom has not fixed breakfast yet. • fix + 식사 명: 식사를 차리다

확장하며 쓰기

1 소개팅 얘기하기

Jane: 너 소개팅 해 본 적 있어?
Elly: 나 벌써 소개팅 했어.
Jane: 정말? 그 사람 어땠어?
Jane: Have you ever had a blind date?
Elly: I've already had a blind date.
Jane: Really? What was he like?

2 인터뷰 경력 소개

인터뷰를 보게 돼서 기뻐요.
저는 김하나입니다.
저는 전에 Sony와 일을 해 본 적이 있습니다.

I am happy to have an interview.
This is Hana Kim.
I have worked with Sony before.

unit 5 현재완료 (2)

워밍업 p. 71

1 have known / since • know-knew-known
2 has broken • break-broke-broken • break one's+신체 부위: ~가 부러지다
3 has read • read-read-read
4 has gone • go-went-gone
5 Has / cleaned
6 have lost • lose-lost-lost
7 has been working
8 has lived

어순훈련

1 I have collected stamps since last year.
2 I have forgotten his phone number.

예문 영작하기 p. 72

1 I have studied English for two years.
2 He has been tired since last week.
3 They have moved to Busan.
4 I've locked my keys in the car.
5 He has lived in Busan since he was young.
6 He lived in Busan when he was young.

대화하며 말하기 p. 73

1 A: How long have you worked in the marketing department?
  B: I have been working in this department for two years.
2 A: Where is your laptop?
  B: I have sold it on the Internet. • sell-sold-sold

확장하며 쓰기

1 **소개팅 얘기하기**

Jane: 너 소개팅 해 본 적 있어?
Elly: 나 벌써 소개팅 했어.
Jane: 정말? 그 사람 어땠어?
Elly: 그 사람 아주 친절해. 우리 8개월째 사귀고 있어.
Jane: Have you ever had a blind date?
Elly: I've already had a blind date.
Jane: Really? What was he like?
Elly: He is very kind. We have been dating each other for 8 months.

2 **인터뷰 경력 소개**

인터뷰를 보게 돼서 기뻐요. 저는 김하나입니다.
저는 SKY사 영업부서에서 5년째 일하고 있습니다.
저는 전에 Sony와 일을 해 본 적이 있습니다. 저는 많은 프로젝트를 성공적으로 마쳤습니다.
I am happy to have an interview. This is Hana Kim.
I have been working in SKY Company's sales department for five years.
I have worked with Sony before. I have successfully completed many projects.

unit 6 과거완료 · 미래완료

워밍업 p. 75

1. will have read
2. had not been • be-was/were-been • be abroad: 해외에 있다
3. will have lived
4. had already begun • begin-began-begun
5. will have finished
6. had already left • leave-left-left • by the time: ~할 때쯤
7. had lived
8. will have been

어순훈련

1. My sister will have worked there for 8 years by next year.
2. When I left the train, I had lost my bag.

예문 영작하기 p. 76

1. The train had already departed when I arrived at the station.
2. I will have studied English for three years by next year.
3. I had never been to America before I moved here three years ago.
4. I will have dated my girlfriend for eight months by next month.
5. My sister had been sick for three months when I came back to Korea.
6. He will have been playing in the NBA for 10 years by next season.

대화하며 말하기 p. 77

1. A: Did you have lunch with James?
   B: When I arrived at the restaurant, James had already eaten lunch.
2. A: How long have you been using your cell phone?
   B: I will have used this cellphone for 8 months by next month.

확장하며 쓰기

1. 소개팅 얘기하기

   Jane: 너 소개팅 해 본 적 있어?
   Elly: 나 벌써 소개팅 했어.
   Jane: 정말? 그 사람 어땠어?
   Elly: 그 사람 아주 친절해. 우리 8개월째 사귀고 있어.
   Jane: 그 사람 어디 살아?
   Elly: 다음 달이면 그가 수원에서 산지 4개월째야. 거기로 이사하기 전에 우리 집 근처에 살았었고.
   Jane: Have you ever had a blind date?
   Elly: I've already had a blind date.
   Jane: Really? What was he like?
   Elly: He is very kind. We have been dating each other for 8 months.
   Jane: Where does he live?
   Elly: He will have lived in Suwon for four months by next month. He had lived near my house before he moved there.

2. 인터뷰 경력 소개

   인터뷰를 보게 돼서 기뻐요. 저는 김하나입니다. 저는 SKY사 영업부서에서 5년째 일하고 있습니다. 저는 전에 Sony와 일을 해 본 적이 있습니다. 저는 많은 프로젝트를 성공적으로 마쳤습니다. **저는 영업부서에서 일하기 전에 마케팅 분야에서 일했던 적이 있습니다. 저는 마케팅과 영업에서 전문성을 가지고 있다고 생각합니다.**

   I am happy to have an interview. This is Hana Kim. I have been working in SKY Company's sales department for five years. I have worked with Sony before. I have successfully completed many projects. Before I worked in the sales department, I had worked in the marketing field. I think I have specialties in both the marketing and sales fields.

unit 1 수동태 (1)

워 밍 업 p. 81

1 was designed
2 was introduced
3 was baked
4 was repaired
5 was built • build-built-built
6 was deleted • 굳이 행위자를 밝힐 필요가 없어서 'by+행위자'를 쓰지 않았습니다.
7 was arrested
8 should be • senior citizens: 어르신들 • 수동태는 조동사와 함께 쓰일 수도 있어요. 대신 조동사는 뒤에 동사원형이 와야 하기 때문에 〈조동사+be+p.p.〉의 형태로 쓰입니다.

어순훈련

1 The picture was painted by Picasso.
2 We will make the wedding cake.

예 문 영작하기 p. 82

1 The meeting will be held next Monday. • hold-held-held • be held: (회의, 경기 등이) 개최되다
2 The house was built in 1990.
3 Magazines are sold at the convenience stores.
4 I was scolded by my teacher.
5 He resembles his mother.
6 He has a nice car.

대화하며 말 하 기 p. 83

1 A: Who took care of you during your childhood?
  B: I was raised by my grandmother when I was young because my mother was busy working. • be raised by ~: ~ 손에 자라다 • be busy -ing: ~하느라 바쁘다
2 A: Did you attend the meeting yesterday?
  B: The meeting was cancelled yesterday. • be cancelled: 취소되다

확장하며 쓰 기

1 **고민 상담**

경기가 참 안 좋아요.
제 가장 친한 친구가 지난주에 해고됐어요.
Time is so rough.
My best friend was fired last week.

2 **약속 잡기**

JOY 식당에 가 본 적 있으세요?
그 식당이 리모델링 했다고 들었어요.
오늘 오후 5시쯤에 만나는 것 어떠세요?
Have you ever been to JOY restaurant?
I heard that the restaurant was renovated.
How about meeting around 5 p.m. today?
• 식당은 리모델링을 당하는 거라서 수동태(was renovated)로 표현했어요. / How about ~? 뒤에는 명사나 '동사-ing'가 옵니다.

unit 2 수동태 (2)

워밍업 p. 85

1 were pleased with
2 am scared of
3 is known for • sincerity: 성실함
4 is filled with
5 was annoyed at • attitude: 태도, 자세
6 tired of
7 interested in
8 were satisfied with

어순훈련

1 She is concerned about her score.
2 I was annoyed at his rude manners.

예문 영작하기 p. 86

1 The restaurant is crowded with people on Fridays.
2 I am not satisfied with my English ability.
3 My parents were not satisfied with the result.
4 The company is well known to young people.
5 I am tired of getting up early.
6 He is interested in keeping a diary in English. • keep a diary: 일기를 쓰다

대화하며 말하기 p. 87

1 A: How was your test yesterday?
B: The test was difficult. I am scared of failing the math exam.
• fail the exam: 시험에 떨어지다, 낙제하다

2 A: Did your boss like your presentation?
B: My boss was very disappointed with my presentation.

확장하며 쓰기

1 고민 상담
경기가 참 안 좋아요. 제 가장 친한 친구가 지난주에 해고됐어요.
전 그 소식에 너무 놀랐습니다. 제 미래가 걱정이 됩니다.
Time is so rough. My best friend was fired last week.
I was very surprised at the news. I am worried about my future.

2 약속 잡기
JOY 식당에 가 본 적 있으세요? 그 식당은 피자로 유명해요.
그 식당이 리모델링 했다고 들었어요. 그 식당이 멋져 보일 것 같아요. 오늘 오후 5시쯤에 만나는 것 어떠세요?
거기가 점심 시간에는 많은 사람들로 북적이거든요.
Have you ever been to JOY restaurant? The restaurant is known for pizza.
I heard that the restaurant was renovated. I think the restaurant looks nice. How about meeting around 5 p.m. today?
It is crowded with many people during lunch hour.

unit 1 동명사 (1)

워밍업 p. 91

1 Taking a walk • one of ~: ~ 중의 하나
2 singing
3 advising • Thank you for+동명사 ~: ~해 줘서 고맙습니다 • advise+사람: ~에게 충고하다
4 studying
5 discussing • discuss+목적어: ~에 대해 토론하다(전치사 없이 바로 목적어가 옵니다.)
6 surfing
7 Reading an English novel
8 speaking • be good at ~: ~을 잘하다

어순훈련

1 I avoided meeting him in person. • in person: 개인적으로
2 Taking the subway is faster in the morning.

예문 영작하기 p. 92

1 I gave up persuading him. • give - gave - given
2 Her job is helping the poor. • the+형용사: ~한 사람들 *ex.* the rich: 부자들
3 I like watching movies alone.
4 I am scared of speaking English in front of people. • in front of: ~ 앞에서
5 Reading many books is very important for kids. • for+사람 명사: ~에게
6 Helping people makes me feel happy. • make+목적어+동사원형: 목적어가 ~하게 만들다

대화하며 말하기 p. 93

1 A: Would you mind closing the window?
   B: No, of course not.
   • Would you mind ~?는 직역하면 '~하면 언짢으세요?'의 뜻으로 '~해도 괜찮겠습니까?'라고 정중하게 물어보는 표현입니다. 이렇게 물었을 때 '언짢지 않아요.' 즉, '괜찮아요.'라고 대답하려면 No, of course not.처럼 부정어를 써서 표현하는 것에 주의하세요.
2 A: What did you do last weekend?
   B: I met my friends. I like hanging out with my friends. • hang out with: ~와 어울려 놀다

확장하며 쓰기

1 호텔 예약
저는 한국에 사는 엘라입니다.
저는 여름 휴가로 발리에 가는 걸 고려하고 있어요. 그래서 귀하의 호텔 패키지에 관심이 있습니다.
This is Ella from Korea.
I am considering going to Bali for summer vacation, so I am interested in your hotel package.

2 아르바이트 경험
저는 지난 방학 때 도서관에서 아르바이트를 했어요.
제 업무는 책들을 장르 별로 정리하는 거였습니다.
I did a part-time job in the library last vacation.
My work was arranging books by genre.

unit 2 동명사 (2)

워밍업 p. 95

1. studying / to study
2. waking up / to wake up
3. studying / to study
4. having / to have
5. to post • 올린 사실이 아니라 올려야 하는 사실이므로 to부정사 사용
6. to see a doctor
7. changing jobs
8. working

어순훈련
1. I hate swimming in the sea.
2. Don't forget to call me.

예문 영작하기 p. 96

1. I don't like talking/to talk to him.
2. I am sorry. I forgot to send you the file yesterday.
3. I started working out/to work out from yesterday.
4. I regret to say that he passed away.
   • I regret to say ~는 직역하면 '나는 ~을 말해야 하는 게 유감스럽다'로 안 좋은 소식을 전할 때 '유감스럽게도'의 의미로 쓰이는 관용 표현이니 꼭 알아두세요.
5. I regret writing him a letter.
6. I regret not writing him a letter.

대화하며 말하기 p. 97

1. A: You should do your homework.
   B: I remember to do my homework. Don't worry. • do one's homework: 숙제를 하다
2. A: I called you yesterday. Why was your line busy?
   B: I started helping my mother in her store, so I am busy these days.
   • the line is busy: 전화가 통화 중이다

확장하며 쓰기

1. 호텔 예약

   저는 한국에 사는 엘라입니다. 저는 여름 휴가로 발리에 가는 걸 고려하고 있어요. 그래서 귀하의 호텔 패키지에 관심이 있습니다. 우리 아이들이 수영하는 것을 좋아하기 때문에 전 큰 수영장이 있는 호텔에서 묵는 걸 선호해요. 큰 수영장이 있나요?

   This is Ella from Korea. I am considering going to Bali for summer vacation, so I am interested in your hotel package. Since my children like swimming, I prefer staying at a hotel with a big swimming pool. Do you have a big swimming pool?

2. 아르바이트 경험

   저는 지난 방학 때 도서관에서 아르바이트를 했어요. 제 업무는 책들을 장르 별로 정리하는 거였습니다. 저는 물건들을 정리하는 것을 좋아하기 때문에 행복했어요. 하지만 2주 후에 저는 도서관에서 일하기로 결정한 것을 후회했어요. 왜냐하면 책들이 너무 무거워서 저를 금방 지치게 만들었거든요.

   I did a part-time job in the library last vacation. My work was arranging books by genre. Since I like organizing things, I was happy. However, I regretted deciding to work in the library two weeks later because the books were so heavy that they made me easily exhausted.

unit 3 동명사 (3)

워밍업 p. 99

1. has trouble
2. busy
3. feel like
4. accustomed • take a class: 수업을 듣다
5. worth
6. in the habit of
7. cannot help
8. look forward to

어순훈련

1. I succeeded in downloading the file.
2. He is busy doing his math homework.

예문 영작하기 p. 100

1. I am in the habit of studying at night.
2. All knowledge is worth having.
3. It is no use trying to catch him.
4. Heavy rain prevented us from going on a picnic.
5. My boss is looking forward to meeting Harry.
6. My boss is looking forward to your [=you] meeting Harry.

대화하며 말하기 p. 101

1. A: Do you smoke after lunch?
   B: I have a bad habit of smoking after lunch.
2. A: Did you apply for the position again?
   B: Yes, I think the company is worth working for. • apply for: ~에 지원하다

확장하며 쓰기

1. **호텔 예약**

   저는 한국에 사는 엘라입니다. 저는 여름 휴가로 발리에 가는 걸 고려하고 있어요. 그래서 귀하의 호텔 패키지에 관심이 있습니다. 우리 아이들이 수영하는 것을 좋아하기 때문에 전 큰 수영장이 있는 호텔에서 묵는 걸 선호해요. 큰 수영장이 있나요? 또 작년에 해외에 갔을 때 인터넷을 사용하기 어려웠거든요. 그래서 호텔에서 인터넷을 쉽게 쓸 수 있는지 알고 싶어요. 답장 기다리겠습니다.

   This is Ella from Korea. I am considering going to Bali for summer vacation, so I am interested in your hotel package. Since my children like swimming, I prefer staying at a hotel with a big swimming pool. Do you have a big swimming pool? Also, I had trouble using the Internet when I went overseas last year, so I would like to know if I can use the Internet easily at your hotel. I look forward to your reply.

2. **아르바이트 경험**

   저는 지난 방학 때 도서관에서 아르바이트를 했어요. 제 업무는 책을 장르 별로 정리하는 거였습니다. 저는 물건들을 정리하는 걸 좋아하기 때문에 행복했어요. 하지만 2주 후에 저는 도서관에서 일하기로 결정한 것을 후회했어요. 왜냐하면 책들이 너무 무거워서 저를 금방 지치게 만들었거든요. 저는 힘들었지만 많은 것을 배웠어요. 지금은 책들을 소중히 여기고 책을 잘 정리하는 습관을 갖게 됐어요.

   I did a part-time job in the library last vacation. My work was arranging books by genre. Since I like organizing things, I was happy. However, I regretted deciding to work in the library two weeks later because the books were so heavy that they made me easily exhausted. I was tired, but I learned many things. Now, I treasure my books and am in the habit of arranging them.

unit 1 부정사 (1)

워밍업 p. 105

1 how to express • how+to부정사: 어떻게 ~해야 할지, ~하는 법
2 to raise
3 to start
4 to become
5 to ask • who to ask: 누구에게 부탁해야[물어봐야] 할지
6 to solve
7 to get • get a regular medical check-up: 정기적으로 건강 검진을 받다
8 to be

어순훈련

1 She hopes to see you.
2 I don't know how to persuade her.

예문 영작하기 p. 106

1 My favorite hobby is to cook for my family. • favorite: 가장 좋아하는
2 I didn't expect to succeed so well.
3 It is not easy to make money. • make money: 돈을 벌다
4 A traffic light tells us when to cross the road. • cross the road: 길을 건너다
5 I decided to break up with him.
6 I made up my mind not to break up with him.

대화하며 말하기 p. 107

1 A: Why do you study hard these days?
B: I promised to study hard with my mother.
• promise ~ with …: …와 ~하기로 약속하다
2 A: What's your goal?
B: My goal is to lose 5 kilograms(=kgs) this year. • lose: (체중을) 빼다

확장하며 쓰기

1 물건 교환하기
저는 귀사의 사이트에서 셔츠를 하나 주문했고 어제 그걸 받았습니다.
하지만 제가 주문한 걸 교환하고 싶어요.
I ordered a shirt on your site, and I received it yesterday.
However, I want to exchange my order.

2 안부 묻기
잘 지내시죠?
요즘 감기가 유행입니다.
How have you been?
There is a cold going around these days.

unit 2 부정사 (2)

워밍업 p. 109

1 to take / 부사
2 to buy / 형용사 • one's turn: ~의 차례
3 to lose / 부사
4 to achieve / 형용사
5 to pass / 부사
6 to help / 형용사
7 to fail / 부사
8 to hand / 형용사 • hand in: ~을 제출하다

어순훈련

1 He opened the door to get some fresh air.
2 I am here to give a presentation. • be here+to부정사: ~하려고 여기에 오다

예문 영작하기 p. 110

1 I have no energy to work out. • work out: 운동하다
2 I am honored to have an interview. • be honored+to부정사: ~하게 돼서 영광이다
3 I left home early not to be late for my appointment. • be late for ~: ~에 늦다
4 I was shocked to see my score.
5 I have many friends to talk to about my future.
6 He is looking for an apartment to live in with his parents.

대화하며 말하기 p. 111

1 A: Do you have something to tell me?
   B: I have nothing special to tell you. • nothing은 '아무것도 ~않는'의 뜻으로 부정문을 만듭니다.
2 A: Will you attend his wedding?
   B: I am sorry to say (that) I can't attend his wedding.
   • I am sorry to say ~를 직역하면 '~을 말하게 돼서 유감입니다'로 '유감이지만'의 뜻입니다.

확장하며 쓰기

1 **물건 교환하기**
저는 귀사의 사이트에서 **우리 언니에게 줄** 셔츠를 하나 주문했고 어제 그걸 받았습니다. **처음에는 그 셔츠를 보고 기뻤어요. 색깔이 예뻤거든요.** 하지만 제가 주문한 걸 교환하고 싶어요.
I ordered a shirt **to give to my sister** on your site, and I received it yesterday. **At first I was happy to see the shirt because the color was pretty.** However, I want to exchange my order.

2 **안부 묻기**
잘 지내시죠? **당신과 당신 가족의 안부를 묻기 위해 이 이메일을 씁니다. 당신이 할 일이 많아서 바쁘다고 들었어요.** 요즘 감기가 유행입니다. **감기 걸리지 않게 조심하세요.**
How have you been? **I am writing this email to send my regards to you and your family. I heard you are busy because you have a lot of work to do.** There is a cold going around these days. **Be careful not to catch a cold.**

unit 3 부정사 (3)

워밍업 p. 113

1. too / to
2. To tell the truth • do one's best: 최선을 다하다
3. so / that / can't • answer the phone: 전화를 받다
4. To begin with
5. enough to
6. To be frank with you • give a presentation: 발표하다
7. so / that / can't
8. To make a long story short

어순훈련

1. He was too sick to go to work. • go to work: 출근하다
2. She studied hard enough to get an A.

예문 영작하기 p. 114

1. My mother is too weak to lift this bag. • lift: 들어올리다
   (= My mother is so weak that she can't lift this bag.)
2. I was foolish enough to think so.
3. To tell the truth, I've never heard of it. • hear of: ~에 대해 듣다
4. Tom is not smart enough to solve the problem.
5. The bag is too expensive for him to buy.
6. The class is too difficult for my girlfriend to take. • take: (수업 등을) 듣다

대화하며 말하기 p. 115

1. A: Did you buy the skirt?
   B: No, I didn't. The skirt was too short for me to wear.
   (=The skirt was so short that I couldn't wear it.)
2. A: Did your sister get married?
   B: My sister is not old enough to get married.

확장하며 쓰기

1. 물건 교환하기

   저는 귀사의 사이트에서 우리 언니에게 줄 셔츠를 하나 주문했고 어제 그걸 받았습니다. 처음에는 그 셔츠를 보고 기뻤어요. 색깔이 예뻤거든요. 하지만 제가 주문한 걸 교환하고 싶어요. **그 셔츠가 너무 작아서 언니가 입을 수 없거든요. 더 큰 사이즈로 교환하고 싶어요.**

   I ordered a shirt to give to my sister on your site, and I received it yesterday. At first I was happy to see the shirt because the color was pretty. However, I want to exchange my order. **The shirt is too small for her to wear. I want to exchange it for a bigger size.**

2. 안부 묻기

   잘 지내시죠? 당신과 당신 가족의 안부를 묻기 위해 이 이메일을 씁니다. 당신이 할 일이 많아서 바쁘다고 들었어요. **작년에 그 프로젝트가 너무 어려워서 저희 팀원들도 쉽게 마칠 수가 없었어요. 하지만 당신은 그 프로젝트를 마칠 만큼 경력이 있으니까 할 수 있을 거예요.** 요즘 감기가 유행입니다. 감기 걸리지 않게 조심하세요.

   How have you been? I am writing this email to send my regards to you and your family. I heard you are busy because you have a lot of work to do. **The project was too hard for our team members to finish easily last year. However, you will be able to do it because you are experienced enough to finish the project.** There is a cold going around these days. Be careful not to catch a cold.

unit 1 관계대명사 (1)

워 밍 업 p. 119

1 who
2 whose
3 who/whom • whom보다는 who를 쓰는 게 더 일반적이에요. 이렇게 목적격 관계대명사 뒤에는 [주어+동사]의 형태가 옵니다.
4 which
5 whose
6 who/whom
7 which • run: (업체·가게 등을) 운영하다

어순훈련 p. 120

1 This is a brand-new cellphone which I bought yesterday.
2 Let's ask the teacher who is teaching English in the classroom.
3 She has many friends who help her.
4 He is the man whose opinion I respect.
5 Apartment buildings which overlook the river are more expensive.
 • overlook: 내다보이다
6 The man who my friend loved is a famous singer now.
7 The dishwasher which we bought last week works well.
8 He doesn't know the man who lives next door. • live next door: 옆집에 살다

대화하며 말 하 기 p. 121

1 A: Do you know the man who is standing over there?
  B: He is my older brother.
2 A: What kind of book will you buy?
  B: I will buy a book which makes me laugh. • make+A+동사원형: A가 ~하게 만들다

확장하며 쓰 기

1 **이상형 말하기**
저는 전 남자친구와 2년 전에 헤어졌어요. 남자친구가 있으면 좋겠어요.
웃기고 장난기 있는 남자를 원해요
I broke up with my ex-boyfriend two years ago. I want to have a boyfriend.
I want a man who is funny and playful.

2 **영어 공부 목적 말하기**
제게는 영어를 유창하게 하는 친구들이 많이 있어요.
저는 그들과 일주일에 세 번 영어 공부를 합니다.
I have many friends who speak English fluently.
I study English with them three times a week.

unit 2 관계대명사 (2)

워밍업 p. 122-123

1. whose walls are green
2. which is very strong
3. which my teacher recommended
4. who lived in Busan two years ago
5. whose car was stolen • be stolen: 도둑 맞다
6. which is on the desk
7. who(m) I really like
8. which I had seen the day before

어순훈련

1. I know a teacher who is from America. • be from+장소: ~ 출신이다
2. That is the window which Jack broke yesterday.
3. The food which my mother makes is delicious.
4. The man who talked to you is my boss.
5. She bought me flowers which smelled good. • smell+상태 형용사: ~한 냄새가 나다

예문 영작하기 p. 124

1. English is the subject which I like.
2. I have many friends who work for the ABC company. • work for: ~에서 일하다
3. My sister wants to date a man who(m) my parents like.
   • date(~와 데이트하다)는 전치사 없이 바로 목적어를 쓰는 동사입니다.
4. He studies with his friend whose father is a math teacher.
5. He is the only man that I respect.
6. This is the same book that my teacher bought.

대화하며 말하기 p. 125

1. A: What did you have for dinner yesterday?
   B: I had Bulgogi which my mother made.
2. A: Is Scott your class president?
   B: Yes. He is a smart guy who has never failed to solve the math problems.
   • fail to+동사원형: ~하는 것에 실패하다

확장하며 쓰기

1. **이상형 말하기**

저는 전 남자친구와 2년 전에 헤어졌어요. 남자친구가 있으면 좋겠어요. 웃기고 장난기 있는 남자를 원해요. **저는 저와 취미를 공유할 수 있는 남자친구를 사귀고 싶어요. 저는 모든 것에 최선을 다하는 남자를 좋아합니다. 그래서 그로부터 많은 것을 배우고 싶어요.**

I broke up with my ex-boyfriend two years ago. I want to have a boyfriend. I want a man who is funny and playful. I want to date a boyfriend who can share my hobbies. I like a man who does his best in everything. So I want to learn a lot of things from him.

2. **영어 공부 목적 말하기**

제게는 영어를 유창하게 하는 친구들이 많이 있어요. 저는 그들과 일주일에 세 번 영어 공부를 합니다. **저는 직장을 구하고 있습니다. 기업들은 영어를 유창하게 하는 사람들을 찾고 있어요. 그래서 저도 영어로 업무를 할 수 있는 사람이 되고 싶습니다.**

I have many friends who speak English fluently. I study English with them three times a week. I am looking for a job. Companies are looking for people who speak English fluently, so I want to be a person who can work in English.

unit 3 관계사 (3)

워밍업 p. 127

1 what you like
2 what I think
3 What I experienced
4 what you did
5 what you made
6 What we need
7 what made me cry
8 What I bought

어순훈련

1 What Jeff said is wrong.
2 I can't understand what my teacher said.

예문 영작하기 p. 128

1 I regret what I did last week.
2 He wants to do what he likes.
3 I know what my father wants from me.
4 What I expected was your help.
5 He doesn't help me, and what's more, he does not care about what I want.
   • care about: ~을 신경 쓰다
6 He is what is called a singer.

대화하며 말하기 p. 129

1 A: Please give me the book in your right hand.
   B: What is in my right hand is my diary. I can't give it to you.
2 A: You seem to have many worries on your mind.
   B: I don't know what I am good at, so I am worried about my future.
   • be good at: ~을 잘하다 • be worried about: ~이 걱정되다 • 관계대명사 what은 at 같은 전치사의 목적어로도 쓰일 수 있습니다.

확장하며 쓰기

1 **이상형 말하기**

저는 전 남자친구와 2년 전에 헤어졌어요. 남자친구가 있으면 좋겠어요. 웃기고 장난기 있는 남자를 원해요. 저는 저와 취미를 공유할 수 있는 남자친구를 사귀고 싶어요. 저는 모든 것에 최선을 다하는 남자를 좋아합니다. 그래서 그로부터 많은 것을 배우고 싶어요. **외모는 중요하지 않아요. 제가 원하는 것은 좋은 성격과 태도입니다. 다른 건 아무것도 바라지 않아요.**

I broke up with my ex-boyfriend two years ago. I want to have a boyfriend. I want a man who is funny and playful. I want to date a boyfriend who can share my hobbies. I like a man who does his best in everything. So I want to learn a lot of things from him. **Looks are not important. What I want is good personality and attitude. I want nothing else.**

2 **영어 공부 목적 말하기**

제게는 영어를 유창하게 하는 친구들이 많이 있어요. 저는 그들과 일주일에 세 번 영어 공부를 합니다. **제가 원하는 것은 외국인들과 의사소통을 하는 것이에요.** 저는 직장을 구하고 있습니다. 기업들은 영어를 유창하게 하는 사람들을 찾고 있어요. 그래서 저도 영어로 업무를 할 수 있는 사람이 되고 싶습니다. **해외 출장도 가고 싶어요.**

I have many friends who speak English fluently. I study English with them three times a week. **What I want is to have a conversation with foreigners.** I am looking for a job. Companies are looking for people who speak English fluently, so I want to be a person who can work in English. **I want to go on a business trip overseas.**

unit 1 원급(=동등비교)

워밍업 p. 133

1 greedy
2 as / as
3 timid
4 not / as / as
5 quickly / possible
6 often / possible
7 high
8 I expected

어순훈련

1 He is as attractive as a movie star.
2 You should study as hard as possible.

예문 영작하기 p. 134

1 He loves me as much as my mother.
2 I am not as sensitive as I look.
3 He tried to shout as loud as possible.
4 She wanted to see her daughter as fast as possible.
5 Alex's dad is twice as tall as Alex.
6 His house is three times as large as mine.
   • 원래는 our house지만 영어는 한 번 언급된 명사는 대명사로 바꿔 쓰는 걸 더 선호하므로 소유대명사 mine으로 표현하는 게 좋습니다.

대화하며 말하기 p. 135

1 A: Does James practice the piano hard?
   B: He doesn't practice as hard as his partner.
2 A: Was the bag expensive?
   B: No, it wasn't as expensive as you said.

확장하며 쓰기

1 **첫 영어 수업**
   저는 친구가 제게 추천해 준 영어 수업에 등록을 했어요.
   교실에는 학생들이 많이 있었는데 그들이 저만큼 나이가 많지 않더라고요.
   I signed up for an English class that my friend recommended to me.
   There were many students in the classroom, and they were not as old as me (=I was).

2 **휴대폰 교환하기**
   저는 어제 휴대폰을 구입했어요.
   그게 예전 것만큼 가볍고 얇아서 저는 그게 마음에 들었어요.
   I bought a cellphone yesterday.
   It was as light and slim as the previous one, so I liked it.

unit 2 비교급

워밍업 p. 139

1. more generous
2. easier
3. earlier / more tired
4. more expensive
5. more passionate
6. more confused
7. more depressed
8. older

어순훈련

1. The more we have, the more we want.
2. My mother drives more carefully than my father.

예문 영작하기 p. 140

1. He is three years younger than me (=I am).
   - '몇 살 어리다/많다'고 할 때 비교급 앞에 '몇 살'에 해당하는 표현을 씁니다.
2. The more you eat, the fatter you get.
3. My computer is faster than yours.
4. The more I meet him, the more I like him.
5. The project is much more difficult than my boss said.
6. She is much younger than our manager.

대화하며 말하기 p. 141

1. A: Is your sister as tall as you?
   B: She is much taller than me.
2. A: How did you lose weight?
   B: I work out every day. The harder I work out, the slimmer I get.

확장하며 쓰기

1. 첫 영어 수업

   저는 친구가 제게 추천해 준 영어 수업에 등록을 했어요. 교실에는 학생들이 많이 있었는데 그들이 저만큼 나이가 많지 않더라고요. **다행히 수업은 친구가 언급한 것보다 어렵지는 않았어요. 수업 후에는 행복한 기분이 들더라고요. 공부를 할수록 더 많은 것을 배우게 되네요.**

   I signed up for an English class that my friend recommended to me. There were many students in the classroom, and they were not as old as me (=I was). **Fortunately, the class was not harder than my friend mentioned. I felt happy after the class. The more I study, the more I learn.**

2. 휴대폰 교환하기

   저는 어제 휴대폰을 구입했어요. **휴대폰은 제가 예상했던 것보다 비쌌지만 저는 그걸 사기로 결심했어요.** 그게 예전 것만큼 가볍고 얇아서 저는 그게 마음에 들었어요. **하지만 전 오늘 휴대폰에 뭔가 이상이 있다는 것을 발견했어요. 인터넷이 예전보다 더 느리더라고요.**

   I bought a cellphone yesterday. **The cellphone was more expensive than I expected, but I decided to buy it.** It was as light and slim as the previous one, so I liked it. **However, I found out that there is something wrong with the cellphone today. The Internet is slower than before.**

unit 3 최상급

워밍업 p. 143

1 the happiest
2 the most well-known
3 the most expensive
4 the most important
5 the most moving
6 the most popular
7 the most valuable
8 the tallest

어순훈련

1 This is the most expensive book in the bookstore.
2 Health is the most important thing.

예문 영작하기 p. 144

1 It is one of the cheapest dresses in this store.
2 I am the fattest student in my class.
3 It was the most difficult test that I have ever taken. • take the test: 시험을 치다
4 Practice is the most important thing in learning English.
5 She is the last person to tell a lie. • the last person to + 동사원형: ~할 사람이 아니다
6 The classroom has at least 20 seats.

대화하며 말하기 p. 145

1 A: Why do you study alone?
  B: I am the most comfortable when I am alone.
2 A: You look really nice with the skirt.
  B: Thank you. This is the longest skirt that I've ever tried on. • try on: 입어 보다

확장하며 쓰기

1 첫 영어 수업

저는 친구가 제게 추천해 준 영어 수업에 등록을 했어요. 교실에는 학생들이 많이 있었는데 그들이 저만큼 나이가 많지 않더라고요. **제가 우리 반에서 가장 나이 많은 학생일 것 같아서 조금 신경이 쓰였어요.** 다행히 수업은 친구가 언급한 것보다 어렵지는 않았어요. 수업 후에는 행복한 기분이 들더라고요. 공부를 할수록 더 많은 것을 배우게 되네요. **오늘이 제 인생에서 가장 행복한 날입니다.**

I signed up for an English class that my friend recommended to me. There were many students in the classroom, and they were not as old as me (=I was). **I thought I was the oldest student in my class, so I was a little nervous.** Fortunately, the class was not harder than my friend mentioned. I felt happy after the class. The more I study, the more I learn. **Today is the happiest day of my life.**

2 휴대폰 교환하기

저는 어제 휴대폰을 구입했어요. 휴대폰은 제가 예상했던 것보다 비쌌어요. **그게 제가 지금까지 구입한 휴대폰 중에 가장 비쌌지만** 저는 그걸 사기로 결심했어요. 그게 예전 것만큼 가볍고 얇아서 저는 그게 마음에 들었어요. 하지만 전 오늘 휴대폰에 뭔가 이상이 있다는 것을 발견했어요. 인터넷이 예전보다 더 느리더라고요. **가장 심각한 문제 중의 하나는 제가 이메일을 확인할 수 없다는 거예요. 저는 휴대폰을 교환하고 싶어요.**

I bought a cellphone yesterday. The cellphone was more expensive than I expected. **It was the most expensive cellphone that I had ever bought,** but I decided to buy it. It was as light and slim as the previous one, so I liked it. However, I found out that there is something wrong with the cellphone today. The Internet is slower than before. **One of the most serious problems is that I can't check my emails. I want to change my cellphone.**

unit 1 분사 (1)

워밍업 p. 149

1. smiling
2. studying • 수식해 주는 어구가 길어질 때는 분사가 명사 뒤에 놓여요.
3. wearing
4. playing the piano
5. fallen • on the street: 길가에
6. reading • [주어+동사]가 나온 문장에 이렇게 현재분사가 쓰일 때는 문맥에 따라 '~할 때, ~하기 때문에, ~한다면, ~하면서'의 뜻으로 해석되는 경우가 많습니다.
7. singing
8. dancing • on the stage: 무대에서

어순훈련

1. The man surrounded by women is popular.
2. We found the stolen money in the classroom.

예문 영작하기 p. 150

1. I don't like the man interested in cars.
2. A man is pushing a cart filled with goods. • fill with: ~로 가득 채우다
3. That woman talking with a foreigner is my friend.
4. He came back home wounded by a gun.
   • wound: 상처를 입히다 • 상처를 입은 거니까 과거분사를 씁니다.
5. With the exam approaching, he began to study hard.
6. He talked with me with his arms folded.

대화하며 말하기 p. 151

1. A: Where is your boyfriend?
   B: My boyfriend is waiting for me in front of our company.
2. A: When did they go home?
   B: With the night coming on, they went home.

확장하며 쓰기

1. 학업 고민 상담
   선생님들은 제가 영어를 잘한다고 생각하지 않으세요.
   왜냐하면 제 수업에는 영어를 유창하게 하는 학생들이 많이 있거든요.
   Our teachers don't think that I'm good at English because there are many students speaking English fluently in my class.

2. 서울 근교 유명 장소 소개하기
   여러분이 외국인과 함께 남산에 간다면 그들은 그곳을 마음에 들어할 거예요.
   남산에는 산책하는 사람들이 많습니다. 가을이 다가오면서 꽃놀이도 할 수 있어요.
   If you go to Namsan with foreigners, they will like the place.
   There are many people taking a walk in Namsan. With autumn approaching, you can appreciate the flowers.

unit 2 분사 (2)

워밍업 p. 153

1. shocking
2. shocked
3. moving • move는 '움직이다'의 뜻 외에 '감동을 주다, 감동시키다'의 뜻도 있어요.
4. moved
5. interesting
6. interested
7. disappointing
8. disappointed

어순훈련

1. The movie was boring.
2. I was surprised at the news.

예문 영작하기 p. 154

1. I failed the test last year, so I was frustrated.
2. The road signs are very confusing.
3. I feel relaxed in the café.
4. My job is tiring but rewarding. • rewarding: 보람 있는
5. Frankly speaking, I was embarrassed yesterday.
6. Considering his age, he is annoyed easily.

대화하며 말하기 p. 155

1. A: Did you watch the program?
   B: Yes. The program was long and boring.
2. A: Did you finish your presentation? How was it?
   B: The presentation was so amazing. My teacher liked my presentation.

확장하며 쓰기

1. **학업 고민 상담**

   저는 요즘 스트레스를 받고 있습니다. 선생님들은 제가 영어를 잘한다고 생각하지 않으세요. 왜냐하면 제 수업에는 영어를 유창하게 하는 학생들이 많이 있거든요. **솔직히 말해 이 수업이 지루합니다. 제가 반을 변경해야 할까요?**

   I get stressed out these days. Our teachers don't think that I'm good at English because there are many students speaking English fluently in my class. Frankly speaking, the class is boring. Should I change my class?

2. **서울 근교 유명 장소 소개하기**

   여러분이 외국인과 함께 남산에 간다면 그들은 그곳을 마음에 들어할 거예요. **그들은 사람들 수에 놀랄 거예요. 왜냐하면** 남산에는 산책하는 사람들이 많습니다. 가을이 다가오면서 꽃놀이도 할 수 있어요. **또 서울의 야경도 정말 멋있어요. 여러분은 친구들과 좋은 추억을 만들 수 있을 거예요.**

   If you go to Namsan with foreigners, they will like the place. They will be surprised at the number of people because there are many people taking a walk in Namsan. With autumn approaching, you can appreciate the flowers. The night view of Seoul is also amazing. You will make good memories with your friends.

unit 1 가정법 (1)

워밍업 p. 159

1. knew
2. were
3. didn't live
   - 동사 과거형의 부정형을 써야 하니까 'didn't+동사원형'을 쓰면 돼요. • so far away: 아주 멀리 떨어진
4. got a job
5. had taken
6. had come
7. had bought
8. had told

어순훈련
1. If I were you, I would study English hard.
2. If she had lots of money, she would buy a house.

예문 영작하기 p. 160

1. If I could, I would live alone.
   - could 뒤에 live alone이 생략된 것으로 이렇게 같은 말이 반복될 때는 영어에서 생략하고 씁니다.
2. If I were you, I would apply for the company. • apply for: ~에 지원하다
3. If my teacher had not helped me, I would have failed the interview.
4. If my sister had not supported me, I couldn't have studied overseas.
5. If I had lived overseas, I would speak English fluently now.
6. If my boyfriend had changed jobs, he could get a high salary now.
   - get a high salary 높은 월급을 받다

대화하며 말하기 p. 161

1. A: I heard that Peter broke up with his girlfriend.
   B: Really? If I were Peter, I wouldn't break up with his girlfriend. She is beautiful.
2. A: How about having dinner together?
   B: Sorry. If I had finished my work early, I would have dinner together now.
   - How about -ing ~?: ~하는 것 어때?

확장하며 쓰기

1. **부탁 거절하기**
   당신 메시지를 확인했어요.
   제가 시간이 있으면 당신을 도와드릴 텐데 말이죠. 저도 야근해야 해요.
   I checked your message.
   If I had time, I would help you. I should work overtime.

2. **이메일 쓰기**
   지난주에 송별회를 했다고 들었어요.
   제가 그 소식을 알았다면 참석했을 텐데요. 제가 지난주에 휴가였어요.
   I heard that you had a farewell party last week.
   If I had known the news, I would have attended the party. I was on vacation last week.

unit 2 가정법 (2)

워밍업 p. 163

1. were not
2. didn't agree • agree with: ~에 동의하다
3. could play
4. were
5. had not done
6. had broken up with
7. had known
8. had studied

어순훈련

1. I wish I were taller than my brother.
2. I wish I had met you yesterday.

예문 영작하기 p. 164

1. I wish I did an internship program overseas. • do an internship program: 인턴십을 하다
2. I wish you had trusted me.
3. I wish I had known these things in my school days. • in one's school days: 학창 시절에
4. It's crowded here. I wish there were not many people in the restaurant.
5. I wish I moved to Seoul.
   = I am sorry (that) I can't move to Seoul.
6. I wish I hadn't done such a rude thing.
   = I am sorry (that) I did such a rude thing.

대화하며 말하기 p. 165

1. A: What day is it today?
   B: Today is Tuesday. I wish it were Friday.
2. A: Why were you absent from your class?
   B: I had an upset stomach yesterday. I wish I had not eaten a lot.

• have an upset stomach: 체하다

확장하며 쓰기

1. **부탁 거절하기**

   답장이 늦어서 미안해요. 당신 메시지를 늦게 확인했어요.
   제가 시간이 있으면 당신을 도와드릴 텐데 말이죠. 저도 야근해야 해요.
   어제 제 일을 마쳤다면 좋았을 텐데. 제가 어제는 하루 종일 외근이었어요.
   도와드리지 못해 죄송해요.

   I am sorry for the late reply. I checked your message late.
   If I had time, I would help you. I should work overtime.
   I wish I had finished my work yesterday. I was out all day long.
   I am sorry (that) I can't help you.

2. **이메일 쓰기**

   지난주에 송별회를 했다고 들었어요. 저는 그 소식을 듣고 놀랐어요.
   제가 그 소식을 알았다면 참석했을 텐데요. 제가 지난주에 휴가였어요.
   당신 번호를 알면 좋을 텐데요. 저에게 전화번호를 알려 주시겠어요? 당신과 통화하고 싶어요.

   I heard that you had a farewell party last week. I was surprised at the news.
   If I had known the news, I would have attended the party. I was on vacation last week.
   I wish I knew your phone number. Could you please tell me your number?
   I want to talk to you.

   • be sorry (that) ~은 '~해서 유감이다'와 '~해서 죄송하다'의 두 가지 뜻이 있어요.

Dictation Drills Answers

p. 168

Conversation 1

1. A: **Where** is your mother?
   B: My mother **is** in **the kitchen**.
2. A: **What** is your boyfriend's job?
   B: My boyfriend **is an accountant**.

Conversation 2

1. A: **How** does your boyfriend **go to work**?
   B: My boyfriend **goes to work** by bus.
2. A: **When** does your boss **get off work**?
   B: My boss **works overtime** every day.

Conversation 3

1. A: **Is** your cellphone **broken**?
   B: Yes. I **should buy** a new cellphone.
2. A: **Why** do you **look** very **tired** today?
   B: I **am tired** because I **had to** attend **a drinking party**.

일기

It is Monday. I am tired **every Monday**. So I get up **late** and run **in the morning**. I **have a meeting** tomorrow, so I **must** get up early. **I'm worried**.

문제 메시지

Mina: Good morning :) **Are** you **at** school?
        I'm going there.
Esther: I'm **in the library**.
        We should **take a test** today. Come quickly.
Mina: Oh my god! (=OMG)

p. 169

Conversation 1

1. A: **How many** students are there **in** the classroom?
   B: **There are** many students **in the classroom**.
2. A: Are you tired?
   B: Yes, the meeting **lasted for** three hours yesterday.

Conversation 2

1. A: Do you **like** chocolate? **Try it.**
   B: It **looks** delicious. It **smells** like candy.
2. A: Did you **have a sandwich** yesterday?
   B: No, I didn't. The sandwich **went bad**.

Conversation 3

1. A: **Was** there **something wrong** with the parking lot?
   B: Yes. So we **discussed** the parking lot issue.
2. A: You **look happy** today.
   B: I **enjoy** skiing, so I **joined** the ski club yesterday.

Conversation 4

1. M: Do you **write a letter** to your boyfriend every day?
   W: No, I write him a letter **once** a week.
2. M: The watch **looks expensive**.
   W: My boyfriend **bought** me the watch.

Conversation 5

1. A: Did your sister **get married**?
   B: No. My parents always **want** her **to get married**.
2. A: Do you **respect** your boss?
   B: Yes, his diligence **made** him **a rich man**.

이메일 쓰기

Dear Mr. Kim,

Hello. There **were** some **problems** with the sales report.
You **looked busy** yesterday, so I **couldn't** talk to you.
We **had a meeting** this morning, and we **discussed** the issue.
I **attached** the minutes.
I **forwarded** it **to** the sales department.
My boss **wants** us **to solve** this issue.

Best regards
Mina Kim

가족 소개

There **are five members** in my family.
I am a student and I want **to get a job** next year.
My father **looks** tired because he **works overtime** every day.
My father is busy but he **often sends** text messages **to me**.
My mother is kind, and she **greets** people **first**.
My mother **wants** people around her **to be** happy.

CHAPTER 3

p. 171

Conversation 1

1. A: Do you usually study English in the morning?
   B: No, I always study English at night.
2. A: What is your sister doing now?
   B: She's talking with my mom.

Conversation 2

1. A: You look different. Did you change your style?
   B: Yes. I had a haircut yesterday.
2. A: I called you many times. Why didn't you answer my calls?
   B: Sorry. I was sightseeing yesterday.

Conversation 3

1. A: When will you graduate from school?
   B: I will graduate from school next year.
2. A: Are you busy next weekend?
   B: Yes, I will visit my grandmother next weekend.

Conversation 4

1. A: How many times have you ever been to America?
   B: I've never been to America.
2. A: I am very hungry.
   B: Mom has not fixed breakfast yet.

Conversation 5

1. A: How long have you worked in the marketing department?
   B: I have been working in this department for two years.
2. A: Where is your laptop?
   B: I have sold it on the Internet.

Conversation 6

1. A: Did you have lunch with James?
   B: When I arrived at the restaurant, James had already eaten lunch.
2. A: How long have you been using your cellphone?
   B: I will have used this cellphone for 8 months by next month.

하루 일과

I always get up at 6 in the morning. I go to school by bus. I study English at a language institute after school. I was sick yesterday, so I was absent from my English class.
I am planning to review my class today. I will update my pictures on Facebook tomorrow.

생일 카드 쓰기

Happy belated birthday.

I wanted to **give you a gift** last week, but I **had a meeting** in Busan.
I am **in** Shinchon, and I **am thinking about** you. We have good **memories** here.
This is a gift that I **picked**. I **hope** that you **will** like it.

소개팅 얘기하기

Jane: Have you ever **had a blind date**?
Elly: **I've already had** a blind date.
Jane: Really? **What was he like**?
Elly: He is very kind. We have been **dating each other** for 8 months.
Jane: **Where** does he live?
Elly: He will have **lived in** Suwon for four months **by** next month. He had lived **near my house** before he moved there.

인터뷰 경력 소개

I am happy to have an interview. This is Hana Kim. I **have been working** in SKY Company's sales department **for five years**. I **have worked** with Sony before. I have **successfully completed** many projects. **Before** I worked in the sales department, I **had worked** in the marketing field. I think I have **specialties in** both the marketing and sales fields.

p. 174

Conversation 1

1. A: **Who took care of** you **during** your childhood?
   B: I **was raised by** my grandmother when I was young because **my mother was busy working**.
2. A: Did you **attend** the meeting yesterday?
   B: The meeting **was cancelled** yesterday.

Conversation 2

1. A: **How was** your test yesterday?
   B: The test was difficult. I **am scared of** failing the math exam.
2. A: Did your boss **like** your presentation?
   B: My boss was very **disappointed with** my presentation.

고민 상담

Time is so **rough**. My best friend **was fired** last week. I was very **surprised at** the news. I **am worried about** my future.

약속 잡기

Have you ever been to JOY restaurant? The restaurant **is known for** pizza. I heard that the restaurant **was renovated**. I **think** the restaurant **looks** nice. **How about** meeting around 5 p.m. today? It **is crowded with** many people **during** lunch hour.

p. 175

Conversation 1

1. A: **Would** you **mind closing** the window?
   B: No, of course not.
2. A: **What** did you **do** last weekend?
   B: I **met** my friends. I **like hanging out** with my friends.

Conversation 2

1. A: You should **do your homework**.
   B: I **remember to** do my homework. Don't worry.
2. A: I called you yesterday. **Why** was **your line busy**?
   B: I **started helping** my mother in her store, so I am busy these days.

Conversation 3

1. A: Do you smoke after lunch?
   B: I **have** a bad **habit of smoking** after lunch.
2. A: Did you **apply for** the position again?
   B: Yes, I think the company **is worth** working **for**.

호텔 예약하기

This is Ella **from** Korea. I am **considering going** to Bali for summer vacation, so I **am interested in** your hotel package. **Since** my children like swimming, I **prefer staying** at a hotel with a big swimming pool. Do you have a big swimming pool? Also, I **had trouble using** the Internet when I **went overseas** last year, so I would like to know if I can use the Internet **easily** at your hotel. I **look forward to** your reply.

아르바이트 경험

I **did** a part-time job in the library **last vacation**. My work **was arranging** books **by** genre. **Since** I like organizing things, I was happy. However, I **regretted** deciding **to** work in the library **two weeks later** because the books were so **heavy** that they **made** me easily **exhausted**. I was tired, but I **learned** many things. Now, I **treasure** my books and am in the habit of arranging them.

p. 176

Conversation 1

1. A: **Why** do you **study** hard these days?
   B: I **promised** to study hard with my mother.
2. A: **What's** your goal?
   B: My goal is **to lose** 5 kilograms **this year**.

Conversation 2

1. A: Do you have **something to tell** me?
   B: I have **nothing special** to tell you.

2 A: Will you **attend** his wedding?

B: I am sorry **to say** (that) I can't **attend** his wedding.

Conversation 3

1 A: Did you buy the skirt?

B: No, I didn't. The skirt was **too short** for me **to wear**. (=The skirt was so short that I couldn't wear it.)

2 A: Did your sister **get married**?

B: My sister is not **old enough** to get married.

물건 교환하기

I **ordered** a shirt to give to my sister **on your site**, and I received it yesterday.
At first I **was happy to** see the shirt because the color **was** pretty. **However**, I want to **exchange** my order.
The shirt is too small **for her** to wear. I want to **exchange it for** a bigger size.

안부 묻기

How have you been? I **am writing this email** to send **my regards** to you and your family. I heard you are busy because you have **a lot of work** to do. The project was **too hard** for our team members **to finish** easily last year. However, you will **be able to** do it because you are experienced **enough to** finish the project. There is a **cold going around** these days. Be careful **not to** catch a cold.

CHAPTER 7

p. 177

Conversation 1

1 A: Do you know the man **who is standing** over there?

B: He is my **older** brother.

2 A: **What kind of** book will you buy?

B: I will buy a book **which makes** me **laugh**.

Conversation 2

1 A: **What** did you have **for dinner** yesterday?

B: I had Bulgogi **which** my mother **made**.

2 A: Is Scott your **class president**?

B: Yes. He is a smart guy **who has** never failed **to solve** the math problems.

Conversation 3

1 A: Please give me the book **in your right hand**.

B: **What** is in my right hand is my diary. I can't **give** it **to** you.

2 A: You **seem to** have many **worries on** your mind.

B: I don't know what I **am good at**, so I **am worried about** my future.

이상형 말하기

I **broke up with** my ex-boyfriend two years ago. I want to have a boyfriend. I **want a man** who is **funny and playful**. I want to date a boyfriend **who** can **share** my **hobbies**. I like a man who **does his best** in everything. So, I want to learn a lot of things from him. **Looks** are not important. **What** I want is good **personality** and attitude. I want **nothing** else.

영어 공부 목적 말하기

I have many friends **who speak** English fluently. I study English with them **three times a week**. **What** I want is **to have a conversation** with foreigners. I am **looking for** a job. **Companies** are looking for people **who** speak English fluently, so I want to be a **person who** can **work in** English. I want to **go on a business trip overseas**.

CHAPTER 8

p. 179

Conversation 1

1. A: Does James **practice the piano** hard?
   B: He doesn't practice **as hard as** his partner.
2. A: **Was** the bag expensive?
   B: No, it wasn't as expensive **as you said**.

Conversation 2

1. A: Is your sister **as tall as** you?
   B: She is **much taller** than me.
2. A: How did you **lose weight**?
   B: I **work out** every day. **The harder** I work out, **the slimmer** I get.

Conversation 3

1. A: **Why** do you study **alone**?
   B: I am **the most comfortable** when I am alone.
2. A: You look really nice **in** the skirt.
   B: Thank you. This is **the longest skirt** that I've ever **tried on**.

첫 영어 수업

I **signed up for** an English class that my friend **recommended** to me. There were many students in the classroom, and they were not **as old as** me. I **thought** I was **the oldest student** in my class, so I was **a little** nervous. **Fortunately**, the class was not **harder** than my friend **mentioned**. I felt happy after the class. **The more** I study, **the more** I learn. Today is **the happiest day** of my life.

휴대폰 교환하기

I bought a cell phone yesterday. The cell phone was **more expensive than** I expected. It was **the most expensive cellphone** that I had **ever** bought, but I decided to buy it.
It was **as light and slim as** the previous one, so I liked it. However, I **found out** that there is something wrong with the cellphone today. The Internet is **slower than** before.

One of **the most serious problems** is that I can't check my emails. I want to change my cellphone.

CHAPTER 9

p. 180

Conversation 1

1. A: **Where** is your boyfriend?
   B: My boyfriend is **waiting for** me **in front of** our company.
2. A: **When** did they go home?
   B: **With** the night **coming** on, they went home.

Conversation 2

1. A: Did you **watch** the program?
   B: Yes. The program was **long and boring**.
2. A: Did you finish your presentation? **How was** it?
   B: The presentation was so **amazing**. My teacher **liked** my presentation.

「학업 고민 상담」

I **get stressed** out these days.
Our teachers don't think that **I'm good at** English because there are many students **speaking** English fluently in my class.
Frankly speaking, the class is **boring**. Should I change my class?

「서울 근교 유명 장소 소개하기」

If you **go to** Namsan with foreigners, they will like **the place**.
They will **be surprised** at the number of people because there are many people **taking a walk** in Namsan. **With** autumn **approaching**, you can **appreciate** the flowers. **The night view** of Seoul is also amazing. You will **make** good memories **with** your friends.

CHAPTER 10

p. 182

Conversation 1

1. A: I **heard** that Peter **broke up with** his girlfriend.
   B: Really? If I **were** Peter, I **wouldn't** break up with his girlfriend. She is beautiful.
2. A: How about **having dinner** together?
   B: Sorry. If I **had finished** my work early, I **would have** dinner together now.

Conversation 2

1. A: **What day** is it today?
   B: Today is Tuesday. I wish **it were** Friday.
2. A: Why **were** you **absent from** your class?
   B: I **had an upset stomach** yesterday. I wish I **had not eaten** a lot.

부탁 거절하기

I am sorry for **the late reply**. I checked your message **late**.
If I **had time**, I **would help** you. I **should** work overtime.
I wish I had **finished** my work yesterday. I was out **all day long**.
I am sorry (that) I can't **help** you.

이메일 쓰기

I **heard** that you **had a farewell party** last week. I **was surprised** at the news.
If I **had known** the news, I **would have attended** the party. I was **on** vacation last week.
I wish I knew your phone number. **Could** you **please** tell me your number?
I want to **talk to** you.